W0319286

Margarita Arminger

DIE VERBOTENE GÖTTIN DES CHRISTENTUMS

Margarita Arminger

DIE VERBOTENE GÖTTIN DES CHRISTENTUMS

Wer war Maria Magdalena wirklich?

NIKOL
VERLAG

Margarita Arminger studierte Publizistik
und war als Journalistin vor allem
für die Themenbereiche Psychologie und Religionen tätig.
Sie lebt heute als freie Schriftstellerin
in Österreich und Spanien.

© 2010 Nikol Verlagsgesellschaft mbH & Co. KG,
Hamburg
© 2006 Margarita Arminger

Alle Rechte, auch das der fotomechanischen Wiedergabe
(einschließlich Fotokopie) oder der Speicherung auf
elektronischen Systemen, vorbehalten.
All rights reserved.

Titelabbildung: Arte & Immagini srl/CORBIS
Covergestaltung: Thomas Jarzina, Holzkirchen
Printed in the Czech Republic
ISBN: 978-3-86820-054-6

www.nikol-verlag.de

Inhalt

Vorwort

Manchmal passiert es, da dreht sich eine Person um, lächelt dich an, und plötzlich sieht die Welt ganz anders aus.

Ähnliches widerfuhr mir mit der zweitwichtigsten, nein, eigentlich mit der wichtigsten Frau des Christentums: Maria Magdalena, die als Schatten und Lichtgestalt zugleich über uns schwebt. In meiner Kindheit begegnete ich ihr als große Sünderin, die wie wir alle auf Erlösung hoffte. Später rätselte ich im Religionsunterricht über den Ausspruch Jesu: »Überall, wo die Heilsbotschaft in der Welt verkündet werden wird, da wird man auch von dem sprechen, was diese Frau getan hat, zu ihrem Gedächtnis« (Markus 14,9).

Als in den 80er- und 90er-Jahren des vergangenen Jahrhunderts die verborgenen Evangelien ans Licht der Öffentlichkeit kamen, lächelte mir plötzlich eine ganz andere Frau zu – »die Frau, die Jesus mehr liebte als alle anderen (Apostel)«. So entdeckte ich ein völlig anderes Christentum, eine mir neue, viel lebensfreudigere Lehre, erklärt von der »Apostelin der Apostel«. In meinem 1997 erschienenen Buch *Die verratene Päpstin* beschrieb ich sie als einzig legitime Nachfolgerin des Meisters, als weibliche Kirchengründerin, die am Beginn des dritten Jahrtausends eine neue Rolle der Frau in der Kirche herausfordert. In ihrer Nachfolge wären Priesterinnen, ja, sogar eine Päpstin etwas ganz Selbstverständliches. Aber schon damals ahnte ich, dass ich die Geheimnisse der rätselhaften Frau noch immer nicht vollständig gelöst hatte.

Und tatsächlich erwarteten mich neue Überraschungen, als ich mich mit dem gnostischen Hintergrund des Mythos Maria Magdalena eingehender beschäftigte. »Gnosis« bedeutet zunächst einmal »Wissen durch Erfahrung«. Und auch hierbei erwies sich die »Mutter der Gnosis«, wie Maria aus Magdala auch bezeichnet wird, als Lichtbringerin. Oft wurde spekuliert, dass Maria Magdalena mit Jesus verheiratet war und die Geschichte ihrer Nachkommen so manches Geheimnis der sichtbaren wie unsichtbaren Geschichte der letzten 2000 Jahre enthält. Aber das Thema barg noch wesentlich mehr, und zwar das, was die Mystiker seit je als die Geheimnisse Gottes bezeichnen! Es kristallisierte sich auch heraus, dass Maria Magdalena in der patriarchalen Epoche die *Antiqua Mater* verkörperte. In jener Zeit, als die matriarchalen Naturreligionen blühten und auch später noch, in den religiös orientierten Geheimbünden der Antike, galt die *Antiqua Mater* als die Erste, die Große Eine, die viele Namen hatte.

Doch damit nicht genug. Als ich entdeckte, welch faszinierende Spuren die Gnosis als »innere Lehre« des Christentums auch im äußeren Christentum hinterlassen hatte, offenbarte sich Maria Magdalena auf einmal als die eigentliche, aber versteckte, ja verleumdete und verbotene Göttin der Christenheit. Während sie für den äußeren Kreis der Gläubigen 2000 Jahre lang die bekehrte Sünderin spielen musste, bedeutete sie für einen inneren Kreis sehr viel mehr. Bei den Häretikern, den Templern, den Freimaurern, den Illuminaten hielt sie die Schlüssel zu den letzten Geheimnissen des Glaubens und zur persönlichen Befreiung der Gläubigen in der Hand.

Die wirkliche Göttin des Christentums wieder erwachen zu lassen, ist ein Gebot der Gegenwart. Ein geistiger Hunger macht sich bemerkbar, dessen Ausmaß noch gar nicht ausgelotet ist. Eine wesentliche Rolle spielen dabei die hintergründig wirkenden Energien der Archetypen, die uns alle – egal, ob Frau oder Mann – letztendlich zu dem machen, was wir sind. Und sie melden sich immer dann, wenn wir sie brauchen – so auch Maria Magdalena, der Archetypus schlechthin. Sie vereinigt in ihrer Gestalt nicht nur die sündige Eva und die heilige Muttergottes. Sie ist auch die geistige Hebamme für all diejenigen, die auf der Suche nach den Geheimnissen des Seins sind.

In diesem Sinn war und ist sie die Inkarnation der Göttin, das Salz der Erde, die Verbindung zwischen der ersten Ursache und dem Herrn dieser Welt – und damit der sprechendste Hinweis auf die wirkliche Gottheit der Menschen.

Kapitel 1

Der Ruf der Göttin oder Der MM-Aspekt

Verkünderin von Leben, Tod und Auferstehung

Künstler sehen in die Vergangenheit, in die Zukunft – und in das Herz der Menschen. In der abendländischen Kunstgeschichte sind die Erkennungszeichen der Maria Magdalena ein Totenkopf und eine Karaffe Salböl. Die Frau aus Magdala mag zu Lebzeiten vieles gewesen sein, ihr zeitloses Wesen offenbart sich jedoch als Trägerin dieser Attribute, als Verkünderin von Leben und Tod. Sie war es, die Jesus unter das Kreuz begleitete. Zuvor schon hatte sie ihn für die Auferstehung gesalbt, und sie war die Erste, die ihn als Auferstandenen sah. Gegensätze kennzeichnen sie auch heute, wenn die Kirche sie nach wie vor als Inbegriff der bekehrten Sünderin sieht, Bücher und Filme aber davon erzählen, dass es auch eine gänzlich andere Maria Magdalena gegeben haben mag und einen ganz anderen Jesus an ihrer Seite.

Im anfänglichen Christentum sticht sie als schillerndste, lebendigste Gestalt hervor. Sie ist aber auch die große Wartende, die geduldig darauf hofft, immer wieder neu entdeckt zu werden. Nicht umsonst trägt sie den Namen *mari,* eine latinisierte Bezeichnung der Göttinnen des Alten Orients: der chaldäischen Marratu, der jüdischen Marah und der persischen Mariham. Doch Maria – aramäisch und hebräisch: Mirjam – hat die Jungfräulichkeit der Großen Göttin abgelegt und geht den Weg allen Lebens. Sie fällt in die Abgründe der Materie und verfällt ihr wie wir alle. Sie weiß aber auch um den Weg zurück und wird dadurch zu Magdalena. Magdalena bedeutet »Leuchtturm«; dieser Name zeichnet sie als Wegweiserin aus – sie, die Sünderin mit dem Heiligenschein, die im Schleier des Geheimnisses darauf hinwirkt, die Dinge neu zusammenzufügen.

Während Kirche und Christenheit noch über die »Frauenfrage« diskutieren, hat sich Maria Magdalena schon als eine Art Magierin an die Schwelle zu einem neuen Zeitalter gestellt und drängt auf den fälligen Wandel. Immer lauter erklingt der Ruf nach der Göttin. Nicht wenige Menschen, vor allem Frauen in der Neuen Welt, kehren zurück zu alten heidnischen Riten und Fruchtbarkeitsfeiern. Als »moderne Hexen« freunden sie sich nicht nur mit den Geistern an, sondern vor allem mit der Göttin. Männer suchen ihre »Anima« und Frauen identifizieren sich mit Göttinnen des griechisch-römischen Pantheons. Doch was hat dieser Ruf zu bedeuten, und welche Auswirkungen hätte ein weibliches Gottesbild für uns alle?

Dieses Buch hat nicht die Aufgabe, die Frage zu lösen, ob Magdalena tatsächlich die Mutter einer »Jesus-Dynastie« gewesen sein könnte. Vielmehr möchte es aufzeigen, dass in ihrem Bild von vornherein etwas noch viel Größeres angelegt war. Ich nenne es der Einfachheit halber den »MM-Aspekt«: Maria Magdalena und ihre verwickelte Geschichte unter spirituellem Gesichtspunkt betrachtet, als zeitlos-zeitgemäße Variante des großen Mythos, der seit je in den verschiedensten Formen von der Liebe des Gottes zur Göttin erzählt. Mirjam und Jesus, Jesus und Mirjam: Botschafter des uralten Ge-

setzes, dass Schöpfung nur durch Polarität, durch die Vereinigung von Weiblichem und Männlichem stattfindet.
Ja, hinter dieser Maria verbirgt sich weit mehr als die mögliche Geliebte oder Gattin Jesu: Als weiblicher Part der Gottheit besitzt sie das verbindende Attribut, die versöhnende Fähigkeit der Frau. Damit symbolisiert sie auch eine dritte Kraft. Ihrer bedarf es, um das große Geheimnis zu lüften, das uns das eigentliche Christentum enthüllt: das Geheimnis, wie wir das weltbewegende Prinzip der Liebe verstehen können, die Energie der Energien, die alles antreibt, beflügelt und nach der wir uns allesamt sehnen. Sie ging im Namen des Vaters verloren – trotz der schönen Weisung des Sohnes im Johannes-Evangelium: »Ein neues Gebot gebe ich euch, dass ihr euch untereinander liebet, wie ich euch geliebt habe …« (13,34). Das zentrale Thema des Christentums wurde zwei lange Jahrtausende über nicht verstanden. Es verkehrte sich die Religion der Liebe in der Praxis oftmals leider in ihr Gegenteil.

Liebe ist weder ein Produkt des Verstandes noch der Begierde unseres Körpers, sondern ein Kind der geistigen Welt. Sobald sie in unsere polare, von Gegensätzen bestimmte Welt eintritt und wir noch nicht verstanden haben, wie diese funktioniert, wird aus »Liebe« über kurz oder lang das genaue Gegenteil, nämlich Hass. Darum hinterließ das Christentum in der Geschichte eine breite Blutspur, und darum endet auch eine große Liebe zwischen zwei Menschen allzu oft in einem zerstörerischen Zerwürfnis. Das hinlänglich bekannte »Du sollst Gott, deinen Herrn, lieben und deinen Nächsten wie dich selbst!« hatte fatale Folgen. Denn die zwei wichtigsten Gesetze der Urphilosophie wurden vergessen und verdreht: dass das Spiel des Gottes nur zusammen mit der Göttin und nur dann funktioniert, wenn dahinter

eine dritte Kraft wirkt, welche die eigentliche Energie der Liebe ist.
Für all das stehen heute Magdalena und der MM-Aspekt. Ohne die Göttin und ohne die liebevollen, erotischen Kräfte tut sich in uns und durch uns buchstäblich gar nichts: Wir zeugen keine leibliche Nachkommenschaft, wir haben keine wirklich kreativen Ideen, vor allem erschaffen wir nie und nimmer jene Liebe, die ein Kind der Freiheit ist. Diese kann auch nicht von einem Himmel erwartet werden, von dem herab ein strenger Vatergott und eine steril-makellose Gottesmutter Erlösung versprechen. Ebenso wenig entsteht Liebe durch Glauben und Hoffen allein. Nein, sie erwächst aus Selbsterkenntnis!

Kein neues Gebot – eine neue Form der Liebe

Diese Frau tritt ins Licht der Geschichte nicht nur als Nachfolgerin matriarchaler Göttinnen, sondern als die – bis heute verleugnete – Göttin einer neuen, alten Form von Liebe. Deswegen finden wir im Mittelpunkt der Geschichte von Magdalena und Jesus den idealen Menschen, den Sieg und die Kraft der Liebe. Mirjam war es, die Jesus salbte, ihm beim Sterben beistand und die Auferstehung bezeugte. Deshalb galt sie auch als »Turmjungfrau«: Wie das Feuer in einem Leuchtturm wies sie den Eingeweihten den Weg aus der Finsternis eines in Äußerlichkeiten erstarrten Glaubens. Und wenn wir uns heute dieses Lichts bedienen und den Gottessohn nicht mehr allein, sondern in Verbindung mit der Frau an seiner Seite sehen, verstehen wir vielleicht: Den idealen Menschen, die höchste Form des Menschseins, »erschaffen« wir nur in der Vereinigung all unserer Kräfte, der männlichen ebenso wie der weiblichen.

In der Geschichte des Christentums gibt es im Übrigen noch andere Turmjungfrauen. Paulus brauchte trotz aller vermeintlichen Frauenfeindlichkeit seine Thekla, wie wir noch sehen werden. Auch Simon Magus, angeblich der größte Widersacher der jungen Kirche, dem wir als einer Schlüsselfigur des frühen Christentums begegnen werden, bedurfte einer Turmjungfrau namens Helena.

Magdalena, Thekla und Helena mögen als Freundinnen, Geliebte und vielleicht sogar als Gattinnen betrachtet werden, ihre lange Zeit versteckte Bedeutung aber geht weit darüber hinaus. Die nach Magdalena benannten Turmjungfrauen waren der unter der Hand weitergegebene Hinweis, dass Erlösung nur durch die Kraft des Weiblichen möglich ist. In allen vier kanonischen Evangelien wird Maria Magdalena als Zeugin der Auferstehung genannt – und zwar gesetzmäßig so, weil sie die Göttin vertritt, die zugegen zu sein hat, wenn der Menschensohn aufersteht.

Die Erklärung dazu liefern uns die Gnostiker, aus deren Kreis sowohl Jesus als auch Mirjam stammten. Gnosis bedeutet nicht nur Erkenntnis des eigenen Selbst, sondern auch Erkenntnis der Welt, des Kosmos und jener Kräfte, die uns mit allem verbinden. Im gnostischen Weltbild ist Gott das primäre Prinzip, das unnennbare Erste, der Urknall sozusagen. Zu diesem Unbeschreibbaren, Undefinierbaren gibt es aber nur eine Verbindung: das Universum, als große Mutter!

Die Gnostiker, manchmal auch »Himmelssucher« genannt, dachten sich das All gegliedert in Hierarchien, die sie als Klimata, Äonen oder Welten der Engel bezeichneten. Zum Vergleich kann man sich eine Matroschka vorstellen, jene russische Schachtelpuppe, bei der eine Puppe in der anderen steckt und die äußerste, größte alle inneren, kleineren beinhaltet. Ausgehend von der Urquelle, von der höchsten und reinsten Energie, verstofflicht sich dieses Universum zunehmend: über Elementarteile und Atome, bis zur größten Dichte der Materie, bis zu unserer Welt »hier unten«. Immer aber bleibt das weibliche Prinzip, die Göttin, das Bindeglied zwischen den Welten. So wie die Gene des Vaters nur mit Hilfe der Mutter an ein Kind weitergegeben werden können, so notwendig war es, dass neben dem Erlöser eine Frau steht, die Maria heißt – *mari,* wie der große Ozean, das große, unendliche Weibliche, wie die Große Göttin eben!

Allerdings ging dieses Wissen verloren. Ein entscheidendes Datum hierfür war das Jahr 325, als Kaiser Konstantin I. in der kleinen Stadt Nicäa (heute Iznik, Türkei) ein Konzil einberief, um über gewichtige Glaubensfragen Recht zu sprechen. Dort wurden die Gnostiker zu Ketzern erklärt und ihre Schriften der Vernichtung anheim gegeben. Heute holt uns die Vergangenheit ein, wenn wir das aktuelle Interesse an alternativen Heilmethoden, am ökologischen Landbau, an der Astrologie, der Reinkarnation und am »Astralkörper« betrachten. Schon die quasi grün-ökologisch-esoterischen Mysterienschulen der Essener, mit denen Magdalena und Jesus mindestens sympathisierten, wenn ihnen nicht unmittelbar entstammten, wussten um die Chance, sich mit Hilfe esoterischer Techniken zu vervollkommnen. Dazu gehört sogar auch die »Auferstehung« – wenn auch, wie wir sehen werden, eine Auferstehung anderer Art als von der Amtskirche tradiert.

Die Größe des menschlichen Seins ist gewachsen. Instinktiv spüren wir, dass unsere Welt neue Antworten und eine entsprechende Religion braucht. Ein neues Selbst-Bewusstsein ist gefragt, nicht mehr bloß die Erlösung durch einen weltfernen Gott, sondern eine Lösung für unsere Lebensfragen und einen Erlöser in uns selbst. Mirjam reicht uns dazu die Hand. Sie ist in vielerlei Hinsicht eine doppelte, eine »zweifältige« Kraft – sogar eine Dreifältige, wie wir ebenfalls sehen werden. Sie fungiert wiederum als Vermittlerin, ebenso wie einst zwischen den Jüngern und dem innersten gnostischen Kreis. Sie spielt nicht nur die Galionsfigur sämtlicher »Marien«, ihr Finger weist auch in die Zukunft, vor allem aber auf uns selbst. Sie verrät uns die Geheimnisse der Religion der Alten, die Geheimnisse der Liebe. Sie führt uns auch dorthin, wo die Gegensätze immerfort aufeinander prallen. Dort müssen wir lernen, es ihr nachzutun: aufrecht den eigenen Weg zu gehen und trotzdem alles Andere, Unbekannte zu respektieren und mit dem zu vereinen, worin wir uns wirklich zu Hause fühlen.

Die Harmonie zwischen dem äußeren und dem inneren Spiel des Lebens bewirkt die höchsten Wunder. Deshalb rät uns der Erlöser im gnostischen *Evangelium der Maria*: »›Das Haften an der Materie erzeugt eine Leidenschaft gegen die Natur. So entsteht im ganzen Leib Verwirrung; deshalb sage ich euch: Seid in Harmonie! Wenn ihr verwirrt seid, lasst euch von den Bildern eurer wahren Natur leiten. Wer Ohren hat zu hören, der höre!‹ Als der Selige dies gesagt hatte, segnete er sie alle und sprach: ›Friede sei mit euch – möge mein Friede in euch erweckt und vollendet werden!‹«

Harmonie und Frieden! Starten wir den Versuch: Lehnen wir uns einfach zurück und versuchen wir, diesen Worten nachzuspüren, sie bedingungslos zuzulassen. Ohne Harmonie keine Erotik, keine Vitalität, keine »Power«. Vor allem aber keine Liebe, nichts von dem weltumspannenden Prinzip, das keine Teilung kennt. Darum ruft uns Maria Magdalena zu: Die Dinge geschehen durch Zweiheit in der Einheit!

Das »Zweite« in uns, das Unnennbare, Unsichtbare aber ist schwer erreichbar. Die intensive Gefühlsenergie der Liebe, die wir uns alle erhoffen, begegnet uns erst dann, wenn wir unseren wahren Willen entdecken. Dazu benötigen wir keinen Dauerlauf zwischen den spektakulärsten Events und den neuesten Moden. Stattdessen gilt es in sich selbst hineinzuspüren. Nicht ohne Grund begegnen uns die Vorboten wahrer Liebe, wenn wir selbst in der Harmonie sind: im Urlaub, während eines entspannten Wochenendes, kurzum, wenn wir gelöst und offen auf die Welt zugehen.

Hierin finden wir die herausragende Eigenschaft der Frau aus Magdala: Sanftmut – aber nicht etwa die lammfromme Sanftmut, welche uns die Kirche predigt. Zwischen den Dingen zu stehen und sie zu verbinden ist keine untertänige Sanftmut, sondern eine erleuchtete, eine, die uns erhobenen Hauptes über die Erde schreiten lässt. Eine Haltung, die Nicht-Identifikation mit allen Dingen erfordert. Das heißt nichts anderes, als dass wir zu einem »leeren Gefäß« werden müssen, das rückhaltlos die Mystik des Lebens aufnehmen kann. Die vielen Kämpfe, die wir im äußeren Leben, im Beruf und zwischen den Geschlechtern mitmachen, mögen nötig und vielleicht sogar aufregend sein. Nun aber gilt es innezuhalten und sich zu fragen, ob dies wirklich alles ist, was wir von unserem Leben erwarten.

Dafür gilt es, die gewaltige Kraft der in uns allen wirkenden Weiblichkeit zu begreifen. Oft genug haben wir sie schon bestaunt, unbewusst und vornehmlich bei großen Künstlern. Nehmen wir zum Beispiel eines der berühmtesten Gemälde der Welt. Obwohl es ein männlicher Gott ist, der auf Michelangelos Fresko in der Sixtinischen Kapelle dem Menschen seinen Finger reicht, so war es doch die Göttin, die den Künstler inspiriert und ihm die Hand geführt hat. Diese großartige Symbolik des Brückenschlags zwischen Himmel und Erde – der menschliche Zeigefinger, der den göttlichen beinahe berührt – fiel dem Künstler nicht dank seiner ausgefeilten Malkünste ein. Nein, dazu bedurfte es dessen, was wir so schön den »Kuss der Muse« nennen. Genie, Genialität, Enthusiasmus und Inspiration wirken durch die schöpferische Kraft des Weiblichen – in Männern ebenso wie in Frauen!

Die Alten erkannten darin das Ausgießen des Heiligen Geistes, und so nannten sie es auch. Dass all das aber auch für uns vorgesehen ist, daran denken wir allerdings viel zu selten. Doch das ändert sich, sobald wir die Bedeutung Maria Magdalenas erfassen. Mit ihrer Hilfe können wir die weibliche Energie der Sanftheit und der Offenheit als Sprungbrett zum Genie, zur Liebe und zu höheren Stufen des Seins erfahren. In der spirituellen Tradition der Mystiker galt das Annehmen der eigenen Weiblichkeit seit je als die Grundbedingung der *unio mystica*. Bei ihnen war es immer eine Göttin, die dem Menschen ihre Hand reichte …

Eine Gottesmutter als Ersatz für die wahre Göttin

Doch was hat man uns stattdessen gegeben? Im Namen des Herrn wurde dem Abendland zunächst das Kämpfen beigebracht und die Begeisterung an Lebendigkeit, Freude und Glück genommen. Fortan durfte trefflich gelitten werden, nach dem Vorbild der trauernden Maria mit dem toten Sohn im Schoß, einer Art mütterlicher Göttin also, und damit die probate Projektionsfläche für eine doch eher kindliche Form von Frömmigkeit. Für diejenigen, denen der blaue Mantel der Muttergottes nicht weit genug war, um damit alle Ungereimtheiten und Fehler der männlichen Kirche zu überdecken, setzte man sicherheitshalber noch eine unerreichbare, ebenso unantastbare und »unbefleckte Empfängnis« in den Himmel. Nichts wohl blieb als ohnmächtige Anbetung. Wer den weiblichen Part im kosmischen Schöpfungsspiel dennoch erkannte, dem bot sich Magdalena als eigentliche Göttin der Christenheit im religiösen Untergrund des Abendlandes an. Interessanterweise galt sie in der Tradition der Ketzer als die »Frau aus Ägypten«.

Machen wir also in Gedanken einen kurzen Ausflug in jenes sagenumwobene Land am Nil, mitten hinein in eines seiner berühmten Isis-Feste. In farbenprächtigen Prozessionen wurde dort das Leben in all seinen schillernden Masken gefeiert. Die Teilnehmer stimmten ein Lied an, das jeder praktizierende Katholik heute noch mitsingen könnte. Die berühmteste aller Isis-Hymnen begann mit den Worten: »Meerstern, ich dich grüße, Gottesmutter süße …«. Nicht nur dieses Lied wurde übernommen: Die göttliche Isis mit dem Horus-Knaben auf dem Schoß war ein so bezwingendes Symbol, dass nicht einmal die streitbaren Kirchenväter dagegen ankämpfen wollten.

Eher war die Herrschaft der Großen Göttin über die Seele der antiken Mittelmeervölker zu brechen, indem man Isis-Maria im Jahr 431 den Status der christlichen Gottesmutter verlieh. Es ging damit planmäßig all das verloren, was die Ägypter an ihrer Göttin schätzten: die kleinen Gemeinden der Isis, in denen man musizierte, Theater spielte und in die Vorstufen der Mysterien der Göttin eingeweiht wurde. Auch versiegte das Wissen um die Liebe des Gottes zur Göttin, ein

Wissen, das auch Mirjam und Jesus hatten und das ihre Verbindung durchdrang.

Ausgangspunkt war der altägyptische Mythos von der Suche der Göttin nach dem Lichtgott Osiris: Von seinem dunklen Bruder Seth in die Falle gelockt, wird Osiris zerstückelt. Isis aber gelingt es, die Leichenteile zusammenzusammeln. Aus dem Phallus des toten Gatten erschafft sie den Horus-Knaben. Mit ihm im Arm wurde sie in der äußeren Kirche zum Vorbild für die Gottesmutter. Für den Eingeweihten indes verkörperte Horus den erleuchteten Geist, der inmitten der Dunkelheit zu neuem Leben erwacht. Dieser neue, durch die Kraft der Liebe erweckte Geist wirkt auch in Magdalena. Und ebenso wie Isis hat die verbotene Göttin des Christentums ein zweites, ein esoterisches Gesicht, das nur den Eingeweihten bekannt war.

Auf dem massiven, viereckigen Thron der Pharaonen sitzend, herrscht die zarte Göttin Isis über die Materie. Die Uräusschlange auf ihrer Stirn versinnbildlicht die zum dritten Auge aufgestiegene Kundalini-Kraft. In der Hand hält sie das Henkelkreuz als Symbol des Lebens. Die Sonnenscheibe zwischen den zwei Enden einer Mondsichel, die sie als Kopfschmuck trägt, überwindet das dualistische Denken und verbindet die Gegensätze zur Einheit.

Isis wurde also aus gutem Grund zum Vorbild für viele Formen der weiblichen Göttlichkeit, von den Gnostikern und anderen frühchristlichen Gruppen mit verschiedensten Namen belegt. Sie verehrten sie als heilige Taube, als Heiligen Geist, als Allmutter, als die Glänzende und die Mutter der Lebendigen. Sie war die Gelüstvolle, Jungfrau und Mannweib, Barbelo oder die Verborgene. Man nannte sie die Gefährtin des Männlichen, die Löserin der Geheimnisse, Helena – wohl aber auch Maria Magdalena. Denn die Frau an der Seite Jesu tat all das, was man der Göttin zuschrieb: Sie begleitete den Starken, »stand in der Tür und weilte in der Höhe«, wie es die Gnostiker so schön formulierten. Genau das zeichnet eine wirkliche Göttin aus, der Heil bringende MM-Aspekt. Auch wir brauchen mehr als nur die Zuflucht im Mutterschoß der anderen Maria.

Also gilt es, die Geheimnisse der Urreligion zu lösen, aus der Magdalena kam. Ebenso müssen wir die historischen und mythologischen Wurzeln ihrer Identität ergraben. Dann verstehen wir auch, wie es dem Klerus gelingen konnte, der Christenheit die eigene Göttin zu verheimlichen und damit virtuos Geschichtsfälschung zu treiben. Jene historischen Spekulationen, Jesus und Maria Magdalena betreffend, die heute medienwirksam in Büchern, Filmen und Zeitungsartikeln präsentiert werden, stammen bezeichnenderweise allesamt aus dem vergangenen Jahrtausend. Der so lang unterdrückte Ruf der Göttin, erklingt jedoch nicht zufällig gerade jetzt, zu Beginn des neuen Millenniums. Indem wir die gnostische Sicht der Dinge nachvollziehen, könnten wir noch viel größere Geheimnisse entschlüsseln, viel wesentlichere Fragen beantworten als die, ob Jesus Kinder hatte!

Kapitel 2

Die Religion der Alten für das neue Jahrtausend

Das Geheimwissen der Gnostiker

Was tun, wenn der Glaube, der uns von klein auf eingeimpft wurde, einfach nicht mehr glaub-würdig ist? Wenn nicht nur die bekannten Skandale der Kirche abschrecken, sondern auch die Tatsache nicht mehr länger zu vertuschen ist, dass die historischen Daten über das Leben des Religionsgründers so mager sind, dass sie nicht einmal eine Schreibmaschinenseite ausfüllen würden? Wobei man nicht einmal weiß, ob nicht auch dieses Wenige noch verfälscht und zurechtredigiert wurde. Was tun, wenn man erkennt, dass absichtlich und tief greifend manipuliert wurde, bis eine weibliche Gottheit einer so rigorosen Geschlechtsumwandlung unterzogen war, dass nur noch Gott, der Herr, übrig blieb?

Schließen wir uns also der Auffassung an, dass Religion schon immer pure Illusion gewesen ist, erwachsend aus der Enttäuschung über die Unvollkommenheit der Welt? Übernehmen wir den Zynismus eines Ludwig Feuerbach und lassen wir die Grabstätten der Menschen zum Geburtsort der Götter werden? Oder werden wir zu Anhängern anderer Religionen? Werfen wir die große Religion des Abendlandes vielleicht gar endgültig auf den Kehrichthaufen der Geschichte?

Wie auch immer mit der Krise des Christentums umgegangen wird – stets werden zwei Fragen aufgeworfen: Brauchen aufgeklärte Menschen überhaupt eine Religion, und wenn ja, wie müsste eine Religion des dritten Jahrtausends christlicher Zeitrechnung aussehen? Trotz ihrer beeindruckenden Erfolge wird die Antwort darauf nicht von der modernen Wissenschaft zu erwarten sein, selbst wenn noch so kluge Köpfe jetzt in Gehirnen und Genen dem nachzuforschen beginnen, was man »Gotteserlebnis« nennt. Die Praktiker dieser besonderen Erlebnisqualität interessiert seit je nur eines: die *Erfahrung* der Einheit von Körper, Geist und Seele.

Genau das ist doch das Erstrebenswerte für alle, die heute esoterische Seminare besuchen: die Gipfelerfahrung der *unio mystica*, der mystischen Einheit von Ich und All. Gleichzeitig wollen wir aber auch ein gesichertes Wissen – Gewissheit darüber, woher wir kommen und wohin wir gehen. Den Weg dorthin aufzuzeigen, ist die ureigene Funktion jeder Religion. Sie zu erfüllen, ist schwierig geworden. Unsere Position im Kosmos, in der Schöpfung so zu bestimmen und zu erklären, dass jeder es versteht – oder auch nur zu verstehen meint –, gelingt im Rahmen des Kirchendogmas nur, solange es eine sündige Erde und einen erlösenden Himmel gibt. Kippt jedoch die Unten-Schlecht-Oben-Gut-Gleichung, stehen wir plötzlich ohne Antworten da, ohne Heimat, ohne Gott.

Das Göttliche zu erklären und Transzendenz zu erfahren, ist die hohe Schule der Spiritualität. Die Gnostiker vollbrachten dieses Meisterstück. In Vielem basiert unser Weltbild auf der erfahrungswissenschaftlichen Mystik der Gnosis, auch wenn wir uns an ihre fremdartige vielschichtige Gedankenwelt nur langsam und schrittweise wieder herantasten können. Dennoch entdecken wir dabei verblüffende Parallelen zur Gegenwart. Der vielbeschworene Geist des Abendlandes erwachte ebenfalls in einer Zeit des großen Aufbruchs, nämlich im vorchristlichen Griechenland. Und auch er war das Kind uralter Mythen und ihrer Verarbeitung in der Vorstellungskraft von zeitgenössischen Weisheitslehrern wie Platon, Pythagoras oder Thales. Sie verbanden Griechenlands Überlieferungen mit einem Wissen, das sie aus den Weisheitsschulen Ägyptens mitgebracht hatten.

Karl Jaspers prägte das Wort von der »Achse der Weltgeschichte« für das bemerkenswerte Phänomen, dass Buddha, Laotse, Konfuzius und Zoroaster beinahe zur selben Zeit erschienen. Wir wissen nicht, wo diese spirituelle Revolution ihren Ausgang nahm – vielleicht in einer Mysterienschule in Babylon oder Ägypten. Vielleicht stammt von dort auch das exklusive Geheimwissen, das die Gnostiker auszeichnete und das bei ihnen auf besonders fruchtbaren Boden fiel. Sie wagten es tatsächlich, Gott auch mit dem Verstand zu suchen – und zwar so erfolgreich, dass sich ihnen viele Menschen anschlossen, vor allem in den Ländern des östlichen Mittelmeeres, in jenem faszinierenden ethnischen, politischen und religiösen Schmelztiegel an der Nahtstelle zweier jahrtausendelang dominierender Hochkulturen, der ägyptischen und der sumerisch-babylonischen. Von den Italienern später Levante (»Morgenland«) genannt, waren die Küstengebiete von Kleinasien, Syrien, Libanon, Palästina und Ägypten schon in frühgeschichtlicher Zeit nicht nur Ausgangspunkt der neolithischen Revolution. Im Altertum war dies der Schauplatz religionsgeschichtlich epochaler Ereignisse, die zur Ablösung des matriarchal organisierten Polytheismus durch den patriarchalen Monotheismus führte. Hier lag auch die Geburtsstätte des Christentums.

Für die Gnostiker war Religion durchaus etwas Erlernbares und Erfahrbares. Nicht einfacher Glaube, sondern eine Kunst, in deren Geheimnisse sich jeder selbst einführen musste. Gnosis kann man nicht erklären, man muss sie fühlen, schmecken, riechen und atmen. Berücksichtigen wir dies, erfahren wir den Mythos in lebendiger Weise. Ihn durch Wissen und Erlebnis lebendig werden zu lassen, das ist wahre Gnosis. Als Vorgeschmack möge man dem Beispiel des Ignatius von Loyola folgen und sich ein paar Minuten in einer diskursiven Meditation zum Thema üben: Man lasse etwa die entscheidenden Ereignisse aus Jesu Leben vor dem inneren Auge ablaufen: seine Geburt durch eine Jungfrau; die 40 Tage in der Wüste; die Versuchung durch den Satan; die Vertreibung der Geldwechsler aus dem Tempel; sein Widerstand gegen die Obrigkeit und die Priester; das letzte Abendmahl mit seinen Jüngern, die einschliefen, als er sie am nötigsten brauchte; die Nachtwache am Ölberg; das Urteil; schließlich den Tod am Kreuz und die Auferstehung.

Vielleicht fühlen wir dabei schon: *Das sind wir* – das ist unsere Geschichte, unsere Unkenntnis unserer wirklichen Herkunft, unsere innere Wüste, unsere inneren und äußeren Kämpfe und – vielleicht – auch unsere Erlösung. Jesu Leben wird zum mystischen Erleben in uns selbst, und das ist Gnosis: Erkennen durch ein körperliches und gefühlsmäßiges Wissen, das sogar den Glauben transzendiert.

Der »Menschensohn«, wer oder was immer er letztendlich gewesen sein mag, tauschte sein kleines Leben gegen ein größeres, ist auferstanden und konnte mit gutem Recht von sich behaupten: »Ich und der Vater sind eins!« (Johannes 10,30) Und nun steht neben diesem Jesus eine Frau, die dem geschlagenen, mit Dornen gekrönten König der Juden bis unter das Kreuz folgt, Zeugin der Auferstehung wird und uns auffordert, auch den zweiten Teil jener Geschichte, die auch die unsere ist, zu verstehen.

Die Geschichte zeigt, dass die Frage, ob Christus nun Mensch und Gott war, seit je zu den umstrittensten Fragen der Christenzeit zählt. Nicht so jedoch in jener Religionsgemeinschaft, aus der Jesus wohl selbst hervorging. In der Gnosis waren »Auferstehung« und »Vergöttlichung« sicher nicht die Norm, sehr wohl aber doch das erklärte Ziel des spirituellen Suchers: Ja, tatsächlich galt der Gottmensch, der Anthropos, als das evolutionäre Ziel jedes Einzelnen von ihnen.

Zunächst aber galt es die Gesetze dieser Welt zu erkennen und vor allem die Rolle, die das Weibliche darin spielt. Dafür verfügten die Gnostiker über geheime Methoden, mit deren Hilfe all das gelingen sollte, was heute so magisch klingt: Wunder wirken, Astralreisen unternehmen, sich sein eigenes Energiefeld schaffen und die eigene Reinkarnation bewusst beeinflussen. Doch all dies, was auch an Jesu Leben so wunderbar wirkt, galt ihnen nur als Nebenerscheinung auf dem Weg zum eigentlichen Ziel.

All diese Fähigkeiten – man möge sie mystisch, schamanisch oder okkult nennen – sind ein uraltes Erbe der Menschheit. Dann wurden sie den Gläubigen entzogen, indem die römische Kirche darüber den Bann von Häresie und Aberglauben verhängte. Heute jedoch scheint alles wieder an die Oberfläche zu gelangen – zusammen mit dem Namen jener Frau, die schon damals das geheime, innere Wissen der Menschheit repräsentierte. Wie heißt es so schön im Evangelium der Maria: »Da sprach Petrus zu Maria: ›Schwester, wir wissen, dass der Erlöser dich geliebt hat, anders als die übrigen Frauen. Sag uns die Worte, die er dir anvertraut hat, an die du dich erinnerst und von denen wir keine Kenntnis haben.‹ Maria antwortete und sprach zu ihnen: ›Was euch zu hören verwehrt blieb, das will ich euch verkündigen ...‹«

»Was zu hören euch verwehrt war, will ich euch verkünden!«

Wer horchte bei diesen Worten aus dem Evangelium der Maria Magdalena nicht auf? Auch wenn sie aus einer Quelle stammen, die von der Amtskirche als häretisch verworfen wurde (oder gerade deshalb), sind sie überaus bemerkenswert. Eine Frau als spirituelle Meisterschülerin des Religionsstifters, als Leitfigur der frühen Christen vielleicht gar? Begeben wir uns also auf die Spur der Frau aus Magdala, der die offensichtlich nicht komplett eingeweihten Jünger so gern zuhören wollten.

Aus den drei großen Mutterströmen der christlichen Religion – den griechischen, jüdischen und ägyptischen Mysterienlehren – hatte sich im Laufe der letzten Jahrhunderte vor der Zeitenwende eine erstaunlich freiheitsliebende Bewegung herausgebildet, die erst unter Kaiser Konstantin aus staatspolitischen Gründen einem großen religiösen Reinemachen zum Opfer fiel. Das Abendland brauchte aus römischer Sicht eben eine zum Gottkaisertum passende Religion. Sie sollte feste Regeln und ein geeignetes ideologisches Leitbild bekommen. Aus wie vielen Evangelien das ausgewählt und überarbeitet wurde, was uns noch heute als kanonisch verkauft wird, ist nicht bekannt. Nicht umsonst pocht die katholische Kirche darauf, eine »Religion der Schrift« zu sein. Indessen hatte schon der eigentliche Kirchengründer in

Person des Apostel Paulus erkannt: Der Buchstabe, der ohne den wahren Geist ausgesprochen wird, kann töten. Sein Wort sollte in ganz anderem Sinne zur geschichtlichen Wahrheit werden, als von ihm gemeint.

Doch trotz blutiger Verfolgung der Gnostiker lebte das uralte Wissen unterirdisch fort. Zu neuem Leben erwachte es in Gestalt der »bekehrten Sünderin«: Maria Magdalenas Vermächtnis wirkte in geheimen Überlieferungsströmen Mittel- und Westeuropas weiter, stets in verklausulierter Form, um es vor den forschenden Blicken der Kirchenväter, später der Inquisition, möglichst perfekt zu verbergen. Erst nach dem endgültigen Ende der geistigen Gewaltherrschaft der Kirche gelangte dieses Wissen wieder an die Oberfläche. Im Jahre 1902 wartete der Gnosis-Kenner G. R. S. Mead in seinem Buch *Fragmente eines verschollenen Glaubens* mit der Hypothese auf, eine kleine, aber einflussreiche Gruppe Gnostiker, die Naassener, hätte über ein Wissen verfügt, das die Basis nicht nur der gnostischen Bewegung, sondern auch des gesamten Urchristentums gewesen sei. Überlieferin dieses Wissens sei eine gewisse Mariamne gewesen. Diese gab den Gelehrten noch lange Rätsel auf. Heute jedoch ist nicht mehr zu bestreiten: Dies war Maria Magdalena, Nebendarstellerin der kanonischen Evangelien, jedoch Hauptdarstellerin in den gnostischen Schriften, eben jene »Frau, die mehr wusste als alle anderen«.

Die Naassener überliefern ein uraltes esoterisches Faszinosum von Makrokosmos und Mikrokosmos, welches besagt, dass der Mensch ein verkleinertes Abbild des Kosmos sei. Danach trägt er im Wortsinne »allumfassende« Möglichkeiten in sich. Er mag sich darauf beschränken, einfacher Erdenbürger zu sein, er kann aber auch zum himmlischen Menschen werden. Dazu muss er die in ihm angelegten Gegensätze vereinen; das heißt, die Polarität des Männlichen und Weiblichen aufheben, die wir aus der Jung'schen Psychoanalyse als Animus und Anima kennen. Zudem muss er die Einheit seiner dreifachen Natur, bestehend aus Körper, Seele und Geist, verwirklichen.

Dem sind auch heute wieder Menschen auf der Spur, im Erstreben von ekstatischen Gipfelerlebnissen: sei es in der Meditation, sei es im »Runner's High«, sei es in erotischer Ekstase. Das Paradoxon dabei: Wir erreichen diese inneren Gipfel immer dann, wenn wir sie *nicht* anstreben. Plötzlich ist es so weit: Körper und Gefühl werden zur Einheit, und es erwacht unsere Intuition, die sonst in unserem tiefsten Wesen eingeschlossen bleibt.

Die höchst flüchtige Natur transzendierender Erfahrungen mag erklären, warum die Gnostiker immer nur Schritt für Schritt zu den höheren Ebenen aufzusteigen gedachten. Das prototypische Ritual des Eintritts in das »höhere Leben« war für sie die Taufe. Wir kennen sie nur mehr als symbolische Reinwaschung. Bei den Gnostikern galt sie als »symbolisches Bad in der Welt des Geistigen«, dessen Energien erst ins Bewusstsein des Initianden einzuströmen beginnen, wenn er dafür aufnahmebereit geworden ist. Auch das übt man heute wieder in der Meditation. Die Welt der Maria Magdalena ist von unserer nicht allzu weit entfernt.

Der Name »Naassener« leitet sich übrigens vom hebräischen *Nachasch* ab, was Schlange bedeutet. G. R. S. Mead schreibt dazu: »Sie führten den Namen Naassener, weil sie unter dem Symbol einer Schlange das feuchte Prinzip des Weltalls darstellten, ohne welches nichts bestehen kann, sei es sterblich oder unsterblich, belebt oder unbelebt. Es ist das kosmische Akasha der Upanischaden ...« »Akasha« ist das Sanskritwort für den »Ätherraum« – jenen Urzustand des

Universums, in dem Raum und Grundsubstanz noch eins sind. In der »Akasha-Chronik« sind nach der Lehre der Theosophie unsere Vergangenheit, unser Karma und unser Schicksal aufgezeichnet.

Auch die *Antiqua Mater* hatte für die Gnostiker eine Bedeutung, die weit über die Vorstellungen der alten Fruchtbarkeitsreligionen hinausging: Sie war die unbegreifliche Muttersubstanz, die Sphäre des ewig wechselnden Entstehens, der siebenfache Äthermantel, in den die ägyptische Göttin Isis gehüllt war. Nur durch sie, von den Gnostikern »Sophia« genannt, gelangte man zurück zum unbewegten Beweger des Alls. Als Wegweiser dorthin diente der gnostische Logos. Er, von den Griechen »Hermes« genannt, befreite die verführten Seelen aus der leidenschaftlichen Umarmung mit dem Gott der Welt und forderte sie auf, endlich aufzuwachen und ihre wahre Berufung zu erkennen.

Die Frau, welche die Geheimnisse Gottes in sich trägt

Zwei Arten von Religion gibt und gab es seit je: eine innere und eine äußere, eine esoterische und eine exoterische, eine Ecclesia und eine Kirche der einfachen Gläubigen. Das esoterische Christentum der Gnostiker wusste um den göttlichen Funken im Menschen, den es zu entzünden gilt, und um die Bedeutung der *Antiqua Mater*, sei es in ihrer Erscheinungsform als Isis oder als Maria Magdalena. Ihre Kosmogonie besagte, dass die Erscheinungswelt durch die Spaltung des ursprünglichen Einen in zwei Potenzen zustande kam, in zwei Geschlechter, deren schöpferischer Teil die Göttin ist.

Diese Botschaft wurde aber der Masse der Gläubigen vorenthalten. Ein »Vatergott« taugte nicht mehr als makrokosmisches Vorbild für ein mikrokosmisches Abbild, wie etwa auch im Sinne des hinduistischen »Tat tvam asi« – »das bist du«: ein menschliches Gegenstück zum vollständigen Gottesbild nämlich. Dabei war dieses erste und wichtigste Geheimnis der Mystiker auch in der westlichen Überlieferung von Anfang an enthalten! Nach der Genesis schuf Gott den Menschen zunächst »nach seinem Bilde«, *als Mann und Frau.* Erst in einem späteren Teil der Geschichte wird Eva aus einer Rippe Adams geschaffen. Seither ist das anfangs androgyne Antlitz des Göttlichen zweigeteilt: Das strenge männliche Gesicht gibt der Allgemeinheit Befehle, das lächelnde weibliche zeigt sich den Eingeweihten als »des ewigen Sinnes ewige Unterhalterin«, wie es Goethe im *Faust* so treffend sagt.

Gemeinsam verkündeten Isis und Osiris die uralte Lehre, dass Gott und die Göttin, das Weibliche und das Männliche, zusammen das Schöpfungsspiel spielen. Ihnen folgten bei den Gnostikern Sophia und Logos, im ursprünglichen Christentum Mirjam und Jeschua. So tritt es zutage: Die Frau aus Magdala symbolisiert die Göttin der Liebe. Und mehr noch: Sie birgt die Geheimnisse Gottes in sich! Insofern war sie schon immer die verborgene, nur für einen kleinen Kreis erkennbare Göttin des Christentums.

Für den äußeren, den großen Kreis hingegen galt die Dogmatik von Gott, dem Herrn – und damit die strenge Hand des Gesetzes. Nicht nur einzelne Menschen, sondern auch ganze Völker und Religionen kennen Kinder- und Jugendzeiten, in denen festere Regeln, vor allem aber einfachere Symbole benötigt werden.

Was wäre wohl geschehen, wenn die Gnosis die Oberhand gewonnen und man die wahre Bedeutung der Frau unter dem Kreuz nicht 2000 Jahre lang verheimlicht hätte? Hätte uns Maria Magdalena, jenseits aller theologischen Klügeleien, von einer Religion gekündet, die so hoch entwickelt war, dass man sie nicht von den Kanzeln herab predigen, sondern Tag für Tag leben musste? Die Antwort werden wir nicht erhalten, aber vielleicht eine leise Ahnung davon, wenn wir uns jenen Fragen stellen, mit denen sich auch Mirjam beschäftigte. So beginnen die erhaltenen Teile ihres Evangeliums mit den Zeilen: »›Was ist Materie? Wird sie ewig währen?‹ Der Erlöser antwortete: ›Alles Geborene, alles Geschaffene, alle Elemente der Natur sind miteinander verwoben und verbunden. Alles Zusammengesetzte wird sich auflösen; alles geht zu seinen Wurzeln zurück; die Materie wird zu den Ursprüngen der Materie zurückkehren. Wer Ohren hat zu hören, der höre!‹«

Einige wenige Zeilen offenbaren die Essenz des gnostischen Weltverständnisses! In den »Wurzeln« erkennen wir die undefinierbare erste Ursache. Alles Geschaffene, alle Elemente der Natur bilden die Weltseele. Mit ihr können wir erst Verbindung aufnehmen, wenn wir selbst schon über eine Seele verfügen. Und hierin liegt die wichtigste Botschaft der Maria Magdalena und nicht zuletzt jeder wirklichen Religion: Es besteht die Notwendigkeit, sich eine eigene Seele zu schaffen. Der äußere Kreis der Christenheit indessen konnte sich nur Erlösung und Gnade von einem weit entfernten Gott erhoffen …

Den Gnostikern zufolge ist die Seele, als Prinzip des Begehrens nach Leben, zwar in uns angelegt, allerdings nur bruchstückhaft entwickelt, sodass wir von ihren wahren Möglichkeiten keine wirkliche Vorstellung haben. Ohne sie gibt es keinen physischen Körper, keine Reinkarnation, keinen Aufstieg zu höheren Dimensionen. Alles, was wir spirituell zu erlangen suchen, bekommen wir nur dann, wenn wir die hilfreiche Hand der Göttin gewahren und uns auf unser wahres Selbst besinnen. Von diesem Ziel jubelt der Hymnus der Naassener:

»Durch die Aeonen führt mein Weg mich hin,
Und die Mysterien deck ich auf
Und zeig die Form der Götter,
Durch das Geheimnis des verborgenen Pfades,
den Namen Gnosis soll es tragen,
Und ich will bringen es herab.«

Es ist nicht bekannt, welcher Gnostiker die berührenden Zeilen über das verheimlichte Wissen niederschrieb, das an der Wiege der abendländischen Religiosität stand. Doch seine Worte genügen, um zu verstehen, dass Maria Magdalena nicht nur in ihrer Funktion als Überlieferin des alten Glaubens den Kirchenvätern ein Dorn im Auge war, sondern auch als Repräsentantin einer zukunftsweisenden, freieren Form der Spiritualität. Das Geheimnis des verborgenen Pfades lässt sich unmöglich mit institutionellen Religionen vereinbaren, die den Menschen Gesetze vorgeben, die Mysterien aber für sich behalten. Dennoch dringt das Geheimnis ans Tageslicht, wenn es gebraucht wird – und es immer mehr Menschen verstehen. Darauf spielt Peter Sloterdijk an, wenn er in *Weltrevolution der Seele* schreibt: »In den schwersten Krisen der Welt schützten Gnosen aller Art das Leben vor der Versuchung der Anpassung an das, was kein Leben mehr wäre.«

Wir brauchen für eine neue, zeitgemäße Religion also nur in die Vergangenheit zu schauen, auf das gnostische Prinzip, dass das Metaphysische dem Erkannten und das Erkannte dem Metaphysischen gleicht. Das Gottesbild schafft das Menschenbild und das Menschenbild das Gottesbild. Darum müssen heute Göttinnen des Matriarchats wieder erscheinen, allen voran Maria Magdalena, um uns zu sagen: Wir sind weder die folgsamen Lämmer, zu denen uns die Religion des Vatergottes erziehen wollte, noch die perfekten Maschinenwesen, als die uns die moderne Gesellschaft designiert. An Magdalenas Seite sprach vor langer Zeit einer der Meisterpsychologen der Menschheit das vielleicht revolutionärste Wort der Geschichte: »Ich habe gesagt, Götter seid ihr!« Es war der »Menschensohn« und er wurde daraufhin der Gotteslästerung angeklagt (Johannes 10,33–35).

Heute jedoch können wir es ihm gleichtun und überkommene Gottesbilder in Frage stellen. Denn, Hand aufs Herz: Wer fühlt sich schon wohl in Abrahams Schoß? Wer will denn einen strengen Vater im Himmel, der sich nur deswegen zu Liebe, Güte und gnädiger Barmherzigkeit bekehrt, weil sein Sohn sich ans Kreuz schlagen ließ? Die Göttin weist uns den Weg durch die Äonen hinauf zu den Mysterien der Götter, reicht allen die Hand, die auf der Suche nach sich selbst sind.

Sie fordert uns auf, in ihre offenen Arme zurückzukehren und wieder daran zu glauben, dass wir mehr sind als arme Sünder – potenzielle Götter vielmehr, die ihre eigenen Mysterien allerdings noch enträtseln müssen. Also durchforschen wir das Christentum mit neuen Augen! In ihm verbirgt sich eine Religion, die uralt und ewig jung zugleich ist. Ihre Sprecherin ist Maria Magdalena.

Kapitel 3

Der geheime Code von Mirjam und Jeschua

Die Kirche in der Kirche

Viel tüftelt man an so genannten Bibelcodes herum und übersieht dabei doch einen noch viel geheimnisvolleren Code. Er ist nur zu entschlüsseln, wenn man sich auf die Spuren von Magdalena und Jesus begibt. Dabei ist der »gnostische Bibelcode« im Kirchenglauben keineswegs unbekannt. Verstanden wird er dort allerdings nicht. Wie alle Codes spricht er in mindestens zwei Sprachen: eine für die gewöhnlichen Gläubigen und eine für diejenigen, »die Ohren haben zu hören«.

Immer wieder übrigens wurde nicht nur behauptet, dass *neben* dem äußeren Glauben schon immer ein innerer existierte, sondern dass dieser sogar *innerhalb* der Geistlichkeit insgeheim tradiert wurde. Der französische Esoteriker Eliphas Lévi (1810–1875) etwa schrieb davon, dass es im Schoße der katholischen Kirche eine okkulte Kirche gebe, die durchaus die Notwendigkeit der offiziellen Kirche anerkenne, aber selbst eine völlig andere Interpretation der biblischen Texte besitze. Lévi war nicht nur ein legendärer Großmeister der Mysterienweisheit, aus dessen Werken und Wissen nahezu alle späteren esoterischen Bewegungen schöpften. Er war auch Absolvent der Eliteschule des französischen Klerus in

Saint-Sulpice und unter seinem eigentlichen Namen Alphone-Louis Constant ein hoffnungsvoller Anwärter auf höhere klerikale Weihen, bevor er wegen einer Liebesaffäre und wegen seines politischen Engagements auf Seiten der bürgerlichen Revolutionäre gezwungen war, einen anderen Karriereweg zu beschreiten. Seinem geistigen Erben, dem später ebenso berühmten Okkultisten »Papus« (Pseudonym für Dr. Gérard Encausse) gegenüber bekannte er: »... es gibt auch jetzt noch eifrige Priester, die in die alte Lehre eingeweiht sind ... Jesus hat gesagt, dass der Sauerteig am Grunde des Gefäßes, das den Teig enthält, verborgen werden muss, damit der Sauerteig in aller Stille arbeite, bis die Gärung die ganze Masse ergriffen hat, die das Brot werden soll.« Möglicherweise ist der Sauerteig später wirklich aufgegangen, gerade in Frankreich.

Entschlüsseln wir also versuchsweise den geheimen Code von Mirjam und Jeschua, der sich der doppelsinnigen Sprache der Urreligion bedient und bisher nur den Eingeweihten zugänglich war! Stellen wir uns zunächst eine scheinbar ganz einfache Frage: Warum ließ sich der Menschensohn ans Kreuz schlagen? Warum ließ er sich martern, warum ging er freiwillig in den Tod? Nur weil er, wie uns vorgebetet wird, die Menschheit erlösen wollte? Oder steckt hinter dem Mythos von Leiden und Auferstehung im Fleische doch noch etwas anderes?

Sowohl über das Leben von Jesus wie auch das von Maria Magdalena verfügen wir nur in sehr spärlichem Maße über gesicherte Fakten. Die überlieferten Angaben, wo und wann der Meister geboren wurde, sind mythisch überformt, und was er zwischen dem zwölften und dreißigsten Lebensjahr tat, wird in den zur Verfügung stehenden Quellen vollständig verschwiegen. Das jedoch ist auffällig, denn genau in dieser Lebensspanne erfolgte üblicherweise die Ausbildung eines essenischen Mysterienschülers. Gehen die Quellen also gezielt über diese Lebensjahre hinweg, um ja nicht die Vermutung aufkeimen zu lassen, der Nazarener habe bei den Essenern die Geheimnisse der für sie charakteristischen Geheimlehren über die Zahlen und Worte, den Umgang mit himmlischen, dämonischen und psychischen Energien sowie den Kräften der Sterne und Planeten erlernt? Vieles davon spiegelt sich in symbolischer Form sogar in den kanonischen Evangelien wider, bildet gleichsam den gnostischen Code des Neuen Testaments. Man denke nur an die zwölf Apostel und die sieben aus Mirjam ausgefahrenen Geister: Analog kehren darin die zwölf Sternzeichen sowie die sieben Planeten (Merkur, Venus, Mars, Jupiter, Saturn, Uranus und Neptun) wieder.

Astralmythologie war für die weniger am Glauben als vielmehr an der Erfahrung orientierten Gnostiker jedoch nur die gedankliche Grundlage für das eigentliche spirituelle Geschehen um Jesus. Über all dem erhebt sich für sie die hohe Kunst, sich selbst einen »Auferstehungskörper« zu schaffen. Dies ist das Geheimnis, das enthüllt wurde, als Jeschua Mirjam nach seinem physischen Tod am Kreuz begegnete. Denn nach gnostischem Credo ist diese Kunst nicht dem Gottessohn allein vorbehalten, sondern das mystische Ziel aller Eingeweihten. »Euch ist das Geheimnis des Reiches Gottes gegeben, jenen aber, die draußen sind, wird alles in Gleichnissen zuteil« (Markus 4,11).

Um die Schule der Mysterien zu betreten, gilt es die Augen und den Mund zu schließen. Auch wir können es, da es sich hier immer um eine »innere Schule« handelt. Der Myste schließt die Augen, um den Glanz der inneren Welt in sich aufzunehmen, und er schweigt, weil schon ein einziges Wort den Zauber zerstören könnte. Wer sich ein wenig in der Meditation auskennt, der weiß: Der Wesenskern in uns ist reine Energie und erst erkennbar, wenn es uns gelingt, innere Sinnesorgane zu entwickeln.

Dieser Wesenskern, der als göttlicher Funke zumindest ansatzweise in uns wohnt, war seit je Ausgang und Ziel aller Mysterien. Unser wahres und höheres Selbst befindet sich unter den alten Lasten unseres Karmas und den neuen Lasten aktueller psychischer Verletzungen in tiefem Schlaf. Es beginnt erst zu erwachen, wenn wir uns auf die Suche begeben. Dazu aber ist jene Umkehr nötig, die Jesus predigte und die Mirjam vollzog. Sie erfordert Augen und Ohren, die nicht nur nach außen, sondern auch nach innen gerichtet sind. Dieses doppelte Sehen und Hören, der bipolare Blick aller Eingeweihten, zeichnete Jesus aus. Deshalb betonte er: »Wer Ohren hat zu hören, der höre!«, »Sie haben Augen, die sehen und doch nicht erkennen …« (Markus 4,12).

»Wer es fassen kann, fasse es!«, ist ein weiterer gnostischer Code. Er impliziert, dass die Schriften der Gnostiker und der ersten Christen Geheimpapiere waren. In ihnen wurde sehr genau unterschieden zwischen denen »draußen« und denen »innerhalb« der Mysterien. Dementsprechend groß war der Graben zwischen Wissenden und Unwissenden.

Doch dann geschah das Weltbewegende! Der Menschensohn erschien in der Öffentlichkeit. Mirjam und er wurden zur Regenbogenbrücke zwischen der esoterischen und der exoterischen Religion. Allerdings – und das erkennen wir erst heute so richtig – gelang es Jesus nur, den ersten Teil der Mysterien zu enthüllen: die große Mysterienweisheit, dass Gottes Sohn auf die Erde kommt und geopfert wird und dass wir alle bis zu einem gewissen Grad diesen Mythos nachvollziehen.

Im Grunde nahm alles viel früher seinen Anfang. Der gnostische Code steckt nicht nur im Kreuzestod Jesu, sondern schon Jahrhunderte zuvor in den Mysterienkulten der Levante. Schon das vorchristliche Griechenland wusste um die doppelte Botschaft. Während ausgelassene Pilger beim herbstlichen Erntedankfest am Fuße der Akropolis von Eleusis die Auferstehung der Persephone feierten, herrschte darüber strengstes Stillschweigen, was sich im Kultbezirk selbst abspielte. Das Volk durfte seine Witze über die Göttin Demeter und ihre Suche nach ihrer Tochter Persephone machen und das Ereignis mit fröhlichem Flötenspiel untermalen. Die Eingeweihten aber sahen in dem Demeter-Mythos das treffendste Beispiel für das Stirb-und-Werde allen Lebens.

Die Geschichte der Göttin, welche die Erde schuf, war die Geschichte der ganzen Menschheit. Vater Zeus verspricht Demeters Tochter Persephone dem Hades, dem Gott der Unterwelt, als Braut. Der entführt die Jungfrau ohne das Wissen der Mutter ins Schattenreich. Verzweifelt macht sich die Göttin auf die Suche nach ihrer Tochter, ohne zu essen und zu trinken. Während sie als Magd verkleidet umherirrt, wird die Erde von Dürre und Hungersnot heimgesucht. Doch dann hört sie die Hilferufe Persephones, die im Reich der Toten bereits einige Granatapfelkerne gekostet hat. Deswegen darf Kore, wie sie von den Athenern genannt wurde, auch nur für die eine Hälfte des Jahres zu ihrer Mutter zurück, während sie die andere Hälfte als Königin der Unterwelt zubringen muss. Aus Dankbarkeit über die zumindest zeitweise Auferstehung schenkt Demeter der Erde neue Fruchtbarkeit. Als zweites großes Geschenk hinterlässt sie der Menschheit als geistige Nahrung die Mysterien, die aus dem Hades heraus in eine höhere Welt führen.

So feierte nicht nur das Volk das ewige Stirb-und-Werde in der Natur. Der Mysterienschüler musste es Persephone nachtun und in den dunklen unterirdischen Gängen des Kultbezirkes so manche Mutprobe bestehen. Trat er dann ins helle, gleißende Licht, bekam er eine goldene Ähre in die Hand gelegt und nahm aus einer Kiste einen geheimnisvollen Gegenstand heraus, der in einen anderen Behälter gelegt wurde. Niemand weiß genau, welchen Sinn all das für den antiken Menschen machte. Gewiss aber stand der Ritus – ebenso wie die goldenen Ähren, von denen Archäologen eine fanden – in erster Linie dafür, dass jene Verwandlung im Menschen stattgefunden hat, die Homer im Demeter-Mythos besang: »Selig, wer das geschaut von den sterblichen Menschen. Ihm wird schon hier in der Welt nichts Böses mehr zustoßen und im Dunkel des Hades sieht er das Licht.«

Der Kult der Göttin war so einflussreich, dass selbst römische Kaiser zu den Eingeweihten zählten. An ihm können wir ablesen, wie fließend der Übergang von Naturreligion zu Hochreligion sein konnte. Ähnliches praktiziert das Christentum wahrscheinlich schon deswegen mit Erfolg, weil es viele Riten der alten Mysterien übernommen und zu magischen Handlungen gemacht hat, die den unterirdischen Code perfekt ergänzen. Wen die im Demeter-Kult durch eine Ähre symbolisierte Wandlung des Menschen an die Wandlung von Brot und Wein in Fleisch und Blut eines Gottmenschen erinnert, dem erzählt ein weiterer griechischer Gott, woher noch manche anderen christlichen Geheimnisse stammen …

Warum auch Dionysos Wasser in Wein verwandelte

Dionysos war der Sohn des großen Zeus und der sterblichen Semele. Mit der Vorstellung von diesem Gott nahm Griechenland die christliche Zweinaturenlehre vorweg. Er wurde nicht nur zweifach gezeugt, sondern auch zweifach geboren: körperlich aus seiner Mutter und geistig aus dem Schenkel des Zeus. Auch sonst verkörperte Dionysos die Polaritäten des Lebens, welche die Eingeweihten als eines der Geheimnisse der Mysterien kennen lernten.

Der Gott raste als Stier durch die Wälder Thrakiens, ein Privileg des Repräsentanten der Urkraft des Lebens. Gleichzeitig galt er als Gott der Inspiration, der die Tragödie ebenso beflügelte wie die Komödie. Das Wechselspiel der Gegensätze begleitete ihn überall: Mal zeigte er sich als verspielter Junge, mal als Greis, manchmal war er männlich, manchmal weiblich. Von Frauen umschwärmt, zieht der Gott der Ekstase durch die Welt und bringt ihr als höchstes Glück den Wein, den er mit zauberhafter Leichtigkeit erzeugt, indem er ihn aus leeren Krügen sprudeln oder aus Wasser entstehen lässt. Während Demeter vom Fall der Seele in die Unterwelt kündet, vermittelt Dionysos eine weitere Botschaft der mystischen Gemeinschaften: Wir brauchen Nüchternheit, um unser irdisches Leben zu leben. Aber wir benötigen die Trunkenheit, den Rausch der Ekstase, um es zu durchschauen und darüber hinaus zu gehen.

Nicht um die tatsächliche Wandlung von Wasser zu Wein, sondern um die Erlangung der mystischen Schau geht es hier. Unwillkürlich fühlt man sich an Jesus und Maria Magdalena erinnert, in Anbetracht eines Mythos, der Dionysos umgibt: der Erlösung der Ariadne. Der Gott befreit sie aus dem öden Naxos und machte sie zu seiner Gattin. In den rauschenden

Dionysos-Festen wurde sie als Königin dargestellt, die sich mit dem Gott vereinigt.

In den Mysterien sah man darin die Allegorie für die Vereinigung mit der eigenen Seele. Dafür erlitt Dionysos das Schicksal eines sterbenden und wiederaufstehenden Gottes. Diese Geschichte geht so: Er wurde von Titanen zerrissen und aus seinem zuckenden Herz entstand Dionysos Zagreus, der als Auferstandener über das Reich des Todes siegt. All dies findet sich auf alten Sarkophagen abgebildet. Dionysos findet Mutter und Gattin wieder und führt mit ihnen samt Gefolge verklärt sein zweites Leben.

Auch in dieser märchenhaften Geschichte liegt eine bedeutsame Lehre verborgen: Es ist die Ekstase, die zur göttlichen Inspiration verhilft. Doch danach, im zweiten, im höheren Leben des Eingeweihten, heißt es, den Menschen und Göttern verpflichtet zu sein. So wie Demeter aus Dank für die geglückte Suche nach Persephone die Erde beschenkte, sollte jeder, der in den Mysterien seine Seele wiedergefunden hatte, ein neues, ethischeres Leben führen.

»Der Schüler erkennt den auferstandenen Gott erst in dem Augenblick, als er ihnen das Brot bricht«, schreibt Carl Schneider in seinen *Mysterien.* Darin bezeichnet er vor allem das Evangelium des Johannes, des Griechen aus Ephesus, als eine Synthese der wichtigsten Mysterien-Mythen, allen voran aber der Geschichte des Dionysos.

Der Auferstehungskörper

Die Geburt in ein neues Leben, in dem der Mensch die eigene Göttlichkeit erkennt und verwirklicht: Dieser Weg führt über drei Etappen, für uns erkennbar im gnostischen Code und den damit verbundenen magischen Kulthandlungen.

Auf der ersten Etappe wird der Mensch mit den Kräften des Geistes und den Kräften des eigenen Wesens vertraut gemacht. Er vertreibt seine inneren Dämonen mit dem Ziel, Freiheit von seinen Leidenschaften zu erlangen und die unerschöpflichen Kräfte seiner selbst zu entdecken. Nach dieser ersten Phase erahnt der Schüler sein wahres Selbst und fühlt sich innerlich getrieben, es zu verwirklichen, wie Konrad Dietzfelbinger es in seinem Buch *Mysterienschulen* anschaulich beschreibt. Dabei besteht allerdings die Gefahr, dass die neuen Kräfte wieder verschwinden und einem verstärkten Egoismus Platz machen. Für Rückhalt in dieser Periode sorgen normalerweise die Schulen, und zwar so lange, bis die »Wassertaufe« stattgefunden hat und der Schüler ohne stützenden Balken auskommt, gleichsam Halt »im Wasser seiner eigenen Kräfte« findet.

Schafft er das nicht, kann es zu Verirrungen kommen. Der nächste, der wichtigste Schritt in der Entwicklung findet dann nicht mehr statt: der erfolgreiche Kampf mit allen Dämonen, die in der äußeren, aber auch in der inneren Sinneswelt warten. Gemäß den Evangelien beginnt diese Etappe, indem Jesus sagt: »Wenn jemand mit mir gehen will, verleugne er sich selbst und nehme sein Kreuz auf sich und folge mir nach! Denn wer sein Leben retten will, der wird es verlieren …« (Markus 8,34–35).

Abgesehen davon, dass dieser Aufforderung nicht die Jünger folgten, sondern vielmehr Maria Magdalena, erscheint nun auch die Kreuzigung in neuem Licht. Sie war die logische Konsequenz jenes Teils des Mysterienweges, der darin besteht, das Alte zu überwinden, um Platz für das Neue zu schaffen. Die letzte und größte Prüfung besteht in der Konfrontation mit dem Selbsterhaltungstrieb. Diese »Feuerprobe«, wie die Mysterien sie nannten, absolvierte im offiziellen Christentum nur Jesus. Petrus dagegen gelang nicht einmal die »Wasserprobe«. Er verleugnete sein Ziel und verließ sich nicht auf sein wahres Selbst.

Jesus aber wusste um die Kräfte des Geistes, er wusste sich mit dem unsterblichen Geist verbunden und war daher selbst unsterblich. In seiner Gestalt wird die alte Mysterienlehre vom Astral- oder Auferstehungskörper lebendig – der Brücke zwischen dem Irdischen und dem Göttlichen. Und damit stoßen wir abermals auf die ureigene Botschaft der Maria Magdalena: Es gibt nicht nur göttliche Wesen, die sich in der Welt inkarnieren. Mit dem geheimen Wissen der Mysterien ist es auch den Erdenbewohnern möglich, einen Auferstehungskörper zu erlangen und in höhere Dimensionen aufzusteigen.

Die Gnosis bewahrte das uralte Wissen um die wahre Bedeutung der Auferstehung, um den Auferstehungskörper, der uns Schritt für Schritt vergöttlicht und damit verhindert, dass unser Seelenstoff nach dem Tod in der Welt der Dämonen verstreut wird.

Den Gnostikern zufolge sind wir wie Persephone unschuldig in einer Welt des Todes gestrandet. Ihr entkommen wir nur, wenn wir die Geheimnisse der Naassener kennen, die Geschichte vom himmlischen Menschen, der durch die »Schlange« ebenso emporsteigen kann, wie er durch sie gefallen ist. »Schlange« bedeutet hier vielerlei: das Astrallicht, das für die Gnostiker in wellenförmigen Bewegungen und in verschiedenen Hierarchien auf- und absteigt, sowie die in Stufen aufsteigende Kundalini, die spirituelle Kraft des Menschen. Das höchste Licht »schlängelt sich hernieder« und wird dabei zu immer dichterer Materie. Erst beim Menschen selbst hat der Fall sein Ende. Er ist jener berühmte Eckstein, der feste Grund, auf dem sich die Umkehr vollziehen soll und der Aufstieg auf der Jakobsleiter möglich wird.

Der Fall aus höheren in niedere Dimensionen und die nachfolgende Rückkehr ist der Weg der Seele – alles in allem eine gut geplante Angelegenheit, wie es scheint. Eigentümlicherweise, so erzählen die Gnostiker, geschah irgendwo auf diesem Wege ein fataler Fehler. Er macht uns zu fehlbaren Wesen und erschwert auch die Rückkehr. Und ausnahmsweise sind nicht wir schuld daran, nein, es ist die Göttin selbst!

Im Schöpfungsmythos der Gnostiker wurde der Mensch von der Schuld der Erbsünde entlastet, wenn auch nicht davon, ihre Konsequenzen mitzutragen. Der Fall der Sophia, der Bodensturz der Weltseele, war die wichtigste Säule ihrer Lehre. Im Sturz selbst liegt die Heilsbotschaft verborgen. Schon lange bevor Materie zu existieren begann, war Sophia die einzige Verbindung zu dem unbenennbaren Göttlichen. Sie fungierte nicht nur als Schöpferin, sondern auch als eine Art Transmitter für die Strahlen des ursprünglichen ersten Vaters, die alles erschaffen und alles Geschaffene durchdringen. Aber diese Funktion, die auf der Erde jede Mutter übernimmt, wurde der Sophia zum Verhängnis. Von der Sehnsucht durchdrungen, so schnell wie möglich zurück zum göttlichen Gatten zu gelangen, wurde die Göttin ungeduldig. Statt innezuhalten und auf die Durchdringung und Befruchtung durch den Geist zu warten, versuchte sie, den vorgesehenen Schöpfungs- und Vergeistigungsprozess zu beschleunigen. Sie zeugte ihren chaotischen und widerspenstigen Sohn Jaldabaoth ganz allein. Die doppelte Folge dieses Alleinganges: Einerseits verfiel Sophia in Traurigkeit, Angst, Unwissenheit und Bestürzung, und aus diesen »festeren« Energien entstanden die vier Elemente und die Erde. Andererseits erhob sich Jaldabaoth zum Herrn dieser Welt, zum Demiurgen. Er schuf die »planetarischen Herrscher«, genannt Archonten, die irdische Welt und den Menschen selbst. Dieser Mensch war gleichsam nur eine schwache Erinnerung an das Göttliche – ohne wirkliches Bewusstsein und unfähig zum aufrechten Gang. Sophia, die Weisheit, wurde daraufhin von Mitleid für die Menschheit ergriffen. Um ihren Fehler wiedergutzumachen, spielte sie ihrem Sohn, dem Demiurgen, einen Streich und schmuggelte den göttlichen Lichtfunken in die Körper der Menschen. Und dieser Lichtfunke wiederum, das versteckte Vermächtnis der obersten und ersten Ursache, wurde zum Nukleus des menschlichen Wesenskerns, des Lichtkörpers und gleichsam die Fahrkarte für die Rückkehr zur einzig wirklichen Gottheit. Nicht umsonst wohl weist das mythologische Geschehen um die Sophia eine unübersehbare Ähnlichkeit mit dem überlieferten Lebensweg der Maria Magdalena auf.

Göttliche Mathematik

Die Gnostiker begnügten sich nicht mit der bilderreichen, allegorischen Nacherzählung eines wohl uralten Schöpfungsmythos und der dazu gehörigen Erlösungslehre. Sie arbeiteten diesen gedanklichen Komplex auch in systematischer Form auf, als numerologisches Regelwerk, nach dem die Göttin das Universum schuf.

Am Ausgangspunkt der spätantiken Schöpfungsmathematik stand nicht etwa die Null (diese Größe gelangte erst viel später über arabische Vermittlung aus Indien in die abendländische Mathematik), wohl aber ihr philosophisches Äquivalent, das Nichts. Um zum Sein zu gelangen, benötigt das Göttliche und Absolute eine positive Manifestation seiner selbst gegenüber dem Nichts. Das ist die Absicht, der Punkt grenzenlosen Potentials und absoluter, unpolarisierter Energie: die Eins. Schöpfung bedeutet Bewegung, bedarf der Abgrenzung und des Raumes. Die bloße Bewegung eines Punktes in eine Richtung schafft eine Linie und zugleich ein erstes Gegenüber. So entsteht aus der Eins die Zwei, spaltet sich die Urabsichtlichkeit in die Polarität. Es ergibt sich eine schöpferische Spannung und Wechselwirkung.

Die Drei, der eigentliche Akt der Schöpfung, die neuerliche Bewegung in eine andere Richtung, lässt eine neue Dimension entstehen, geometrisch gesehen eine Ebene. Sie versöhnt die Polaritäten: Das ist das Mysterium der Dreiheit, der wir auch in der Dreifaltigkeit von Vater, Sohn und Heiligem Geist begegnen. In der Gnosis ist Sophia die Mittlerin zwischen den Polaritäten. Die Drei, die schließlich die polarisierenden Energien der Eins und der Zwei überwindet und in sich vereinigt, gilt deshalb als heilige Zahl. Sie ist die Zahl der Beziehung und Versöhnung, die Zahl des Begehrens, die das Weibliche und das Männliche, die alle Welten verbindet. Es ist die geheimnisvolle Kraft, welche die Gegensätze überbrückt und so zur wahren Schöpfungskraft wird.

Aus ihrem »Werden« entsteht die Vier, das Resultat, die Materie, der Körper, das Universum, der Raum, dem das Schöpferische jetzt innewohnen kann. Es gibt vier Elemente, vier Regionen des Himmels, damit vier »Säulen der Erde«. Mit der Vier hat die Ausdifferenzierung aus der reinen Welt des Geistes begonnen, ist der Abstieg des göttlichen Lichtes vollzogen. In der Vier sind auch die grundsätzlichen Regeln der Schöpfung festgelegt. Das Quadrat im Kreis symbolisiert, dass wir alle Anteil an der Einheit und der Dualität haben. Wir sind die Materie, die das Göttliche in sich trägt, und das Göttliche, das sich in der Materie wiederfindet. Setzen wir ein Kreuz in den Kreis, so sehen wir uns als doppelt Gespaltene, als Frau und Mann, Körper und Geist, an das Kreuz der Materie genagelt.

Die Zahl Fünf ist die Zahl der Liebe. Sie besteht aus der Zwei und der Drei, aus der Polarisation und der Vereinigung. Von ihr aus geht es weiter zur Sechs. Sie ist die Zahl der Welt, das salomonische Siegel, bei dem sich das obere geistige Dreieck in dem unteren spiegelt. Die Sieben, die sich aus der Drei und der Vier zusammensetzt, ist die Herrin des Maßes, das Zeichen für die Harmonie im Weltall. Wir haben sieben Wochentage, eine siebenstufige Tonleiter, die Dinge gelangen in sieben Stufen zur Vollendung.

Die Acht dagegen gilt als Unglückszahl und als Zeichen für Tod, Verwandlung, Verzauberung. Die sieben Schleier der Göttin Isis identifizieren die Acht als Zahl des Falls. Irgendwann im Spiel der Schöpfung nimmt die Vollkommenheit der vorhergehenden Äonenwelt ihr Ende. Es wirkt, wie G. R. S. Mead feststellte, nicht mehr die lichtere Welt auf die dunklere ein, und es kommt zum so genannten Sündenfall: Das ursprüngliche Plasma wird aus der Idealwelt in die kosmische Welt geworfen. Letztere betrachteten die Gnostiker als Muttersubstanz, als die Weisheit, als Sophia, die fällt und trotzdem die Vermittlerin zwischen Licht und Dunkelheit spielt. Und diese Funktion des feinen kosmischen Stoffes ist auch vonnöten. Denn die ursprüngliche Energie, der Lebenswirbel, den das Kreuz im Kreis erzeugt, verliert an Energie, je weiter sich die Strahlen von ihrem Ursprung entfernen. Die feurige Spiraldrehung in allem Lebendigen aber bezeichnet die Schlange, nach der sich die Naassener benannten. Sie bildet das eigentliche Geheimnis der Gnostiker, sie ist das, was außerhalb und innerhalb von uns wirkt, und über sie führt der Weg zurück.

Um sie zu energetisieren, braucht es keine Kämpfe, keine Anstrengungen. Es bedarf nur jenes Wissens, das wir im Evangelium der Maria finden, wenn wir die alte Frage nach der Sünde stellen: »Es gibt keine Sünde. Ihr seid es, die der Sünde Bestand verleihen, wenn ihr den Gewohnheiten eurer ehebrecherischen verderbten Natur folgt; da ist die Sünde. Deshalb ist die Güte in eurer Mitte erschienen; sie hat sich mit den Elementen eurer Natur verbunden, um sie wieder mit ihren Wurzeln zu vereinen«, antwortet der Erlöser und fährt fort: »Deshalb leidet ihr und deshalb werdet ihr sterben, das ist die Folge eurer Taten; ihr tut, was euch entfernt ... Wer es fassen kann, der fasse es!«

Diese wenigen Zeilen, in denen sich Jesus als die Inkarnation der Güte zu erkennen gibt, fassen sehr viel zusammen: das Mysterium, das die Gnostiker ausleuchteten, die ganzen Probleme von 2000 Jahren – und deren Lösung. Solange wir uns nicht getrennt von Gott fühlen, solange wir nicht für den Herrn der Welt leben – und damit den »Ehebruch« der Gnostiker begehen und uns von der Schöpfung absondern – so lange gibt es keine Sünde. Das erfahren wir, wenn wir die Göttin nicht nur als Mythos und übernatürliches Wesen, sondern ihre wahre Bedeutung als Vermittlerin begreifen. Sie thront nicht in irgendeinem fernen Himmel, sie lebt mitten in dem für uns hautnahen, mächtigen Walten der Natur.

Zum Glück hat Sophia nie aufgehört, ihrem Sohn einen Streich zu spielen. Tief in uns tragen wir den göttlichen Funken als ihr größtes Geschenk. Und er beginnt in immer mehr Menschen zu erwachen, sobald der Demiurg die Harmonie des Universums allzu sehr gefährdet. So erleben wir heute, in einer Zeit, in der sich die Schöpfung zunehmend von der Lebendigkeit ihrer bisher unbekannten Mutter abwendet, eine wahre Renaissance der verschiedensten Gnosen.

Für diese manchmal unbewusste, jedoch überall aufkeimende Suche nach unserer wirklichen Heimat ist Maria Magdalena die legitime Führerin. Sie war diejenige, die den gnostischen Code selbst lebte, indem sie den Fall der Göttin in ihrem eigenen Leben nachvollzog. Und sie richtete sich ebenso lächelnd und erhaben wie die Göttin wieder auf. Den Totenkopf und das Salböl, die Künstler vielleicht nur intuitiv neben die rätselhafte Frauengestalt malten, vermögen wir nun zu deuten. Mirjam drängt darauf, dass wir den alten Tod, die alten Sünden und unsere alte Abstammung hinter uns lassen. Sie fordert uns auf, uns endlich für ein lebendiges Dasein zu entscheiden, das erst die Rückkehr möglich macht. Unsere Aufgabe ist dabei klar definiert, nämlich Körper, Gefühl und Geist zu vereinen und aus unserem Körper den Tempel zu machen, der im geheimen Code den himmlischen Menschen darstellte. Dann kommt es zu der bedeutenden Salbung, die früher nur Königen und Eingeweihten vorbehalten war und die schon immer eine Frau ausführte – stellvertretend für die Göttin!

Machen wir uns also mit der tatsächlichen Geschichte Maria Magdalenas vertraut. Wer und was war die Frau aus Magdala: Sünderin und/oder Geliebte, Ehefrau und/oder Mutter, Freiheitskämpferin und/oder Eingeweihte? Lassen wir das festgefahrene Jesus-Bild hinter uns und die Gestalt der Frau an seiner Seite auf uns wirken.

Kapitel 4

Zur Sünderin gestempelt

Zwischen Eva und Gottesmutter

Zwei Frauen, eine Botschaft: auf der einen Seite Eva, die sich von der Schlange verführen lässt, die verbotene Frucht zu kosten. Und weil sie damit die Erbsünde in die Welt bringt, soll sie als Strafe in Schmerzen gebären. Auf der anderen Seite thront die Gottesmutter Maria, die der Tradition nach den Messias in jungfräulicher Unschuld gebar. Der jahrhundertelange Theologenstreit jedoch, wie Maria am Erlösungswerk teilnehmen konnte, wo sie doch wie alle anderen Menschen unter den Bedingungen der Erbsünde lebte, wurde erst im Jahr 1854 durch Päpstliche Bulle entschieden: Nach der Lehre der Unbefleckten Empfängnis wurde die Gottesmutter Maria von jedem Makel der Erbsünde unbefleckt – jedoch auf natürliche Weise – geboren. Spätestens damit waren die Gegensätze im Frauenbild der katholischen Kirche in geradezu idealtypischer Weise herausgearbeitet: hier die sündige Mutter des Menschengeschlechts, dort die vollkommen reine Gottesmutter. Und in der Mitte steht – verborgen und verkannt – Maria Magdalena, die Verruchte und Heilige gleichermaßen.

Eva war es, die Adam zum Ungehorsam gegenüber Gott verleitete und damit den Exodus aus dem Paradies einleitete. Eine klare Grenzüberschreitung, denn schließlich hatte Gott, der Herr, sie dem Manne doch als Hilfe zugedacht (Genesis

2,18–23). Eine Funktion, welche die Gottesmutter indessen deutlich effektiver erfüllt, indem sie sich als »Magd des Herrn« (Lukas 1,38) bekennt. Für den Mann ist die Frau als Versucherin seiner Lust demnach die Sünde, als seine gehorsame Dienerin aber eine Heilige. Zwischen diesen beiden Polen siedelt die Überlieferung denn auch Maria Magdalena an – mal mehr zur einen, mal mehr zur anderen Seite hin.

Fassen wir zusammen, was wir über Maria Magdalena zu wissen glauben: Aus ihr wurden sieben Teufel ausgetrieben; sie salbte dem Herrn die Füße und trocknete sie mit ihren langen Haaren. In dieser Rolle kündet sie bis ins dritte Jahrtausend christlicher Zeitrechnung hinein von weiblichen Sünden und weiblichem Dienen.

Im Gegensatz zu den beiden Extremgestalten – der »Bösen« am Anfang und der »Guten« als Ziel und Hoffnung – erscheint Mirjam auf den ersten Blick als gewöhnliche Frau. Als Identifikationsfigur aber hat sie das Unbewusste der christlichen Welt und ihres zivilisatorischen Selbstverständnisses entscheidend mitgeprägt.

Trotz einer stattlichen Anzahl von zehn sehr achtbaren Geboten wurden die tradierten Vorstellungen von Schuld und Sühne, Ehre und Gewissen vornehmlich mit Magie und der Sexualität verknüpft. Betrogen, gestohlen und sogar getötet durfte immer wieder werden: Kreuzzüge, Verbrennungen von Ketzern und Hexen, der Dreißigjährige Krieg und die Auslöschung ganzer Ethnien fanden unter Berufung auf Gott, den Herrn, statt. Eindeutig und unversöhnlich jedoch war die Ablehnung esoterisch-magischer und sexueller »Verfehlungen«: Stets lag auch über Maria Magdalena der Schatten einer Besessenen und das Odium der Unzucht.

Andererseits schwebt über ihr aber auch der Duft von Weihrauch, von Verzeihung, Freisprechung und Erlösung. Als gefallene Sünderin, die wieder umkehrt und sich aufrichtet, stellt sie einen weiblichen Archetypus dar, eines der großen Seelenbilder der Menschheit. Ja, sie ist *das* Symbol für den jederzeit möglichen, radikalen Neubeginn, das Vorbild für Reue, Umkehr und Belohnung.

Wo aber steht eigentlich geschrieben – außer bei den Kirchenvätern und Generationen von Theologen natürlich –, dass sie erst eine große Sünderin war? Sieht man sich das Neue Testament genauer an, finden sich nirgendwo konkrete Hinweise darauf. Zwar berichten sowohl Lukas als auch Markus von einer Frau, aus der sieben böse Geister ausgefahren seien (Lukas 8,1–3 und Markus 16,9). Allerdings gilt die Markus-Stelle in der Bibelwissenschaft heute als umstritten; sie soll statt eines verloren gegangenen Berichts eingefügt worden sein. »Nachdem Jesus aber am ersten Tag der Woche frühmorgens auferstanden war, erschien er zuerst der Maria Magdalena, aus der er sieben böse Geister ausgetrieben hatte«, heißt es dort. Diese sieben bösen Geister wurden später als die sieben Todsünden identifiziert – und gemeinhin akzeptiert. Doch es besteht eine andere Interpretationsmöglichkeit: In allen gnostischen Mysterienkulten absolvierten die Initianden siebenfache Einweihungsriten. Dann aber hätten wir es nicht länger mit einer vermeintlich Besessenen zu tun, sondern vielmehr mit einer spirituell Privilegierten.

Untersuchen wir einen weiteren Auftritt der Magdalena, nämlich die Salbung Jesu. Auch Lukas könnte sich als Verantwortlicher dafür entpuppen, warum sich Maria Magdalena in unseren Köpfen als reuige Sünderin festgesetzt hat. Komplexes Terrain für jede Exegese! Zwar berichten alle vier Evangelisten von diesem Ereignis, aber nur Matthäus (26, 6–13) und Markus (14,3–9) stimmen im Kern überein: Ihnen zufolge gießt eine Frau in Bethanien kostbares Öl über das

Haar Jesu und wird dafür von den Jüngern gescholten: Man hätte den Geldeswert des Öls doch besser den Armen zukommen lassen sollen. Jesus aber stimmt ihnen nicht zu. Er weist sie vielmehr darauf hin, dass sie in Zukunft genügend Gelegenheit haben würden, den Armen zu helfen – aber nicht ihm selbst, denn er werde nicht mehr unter ihnen sein. Und über die großzügige Spenderin des Öls folgt der berühmte Satz: »Überall, wo die Heilsbotschaft in der ganzen Welt verkündet werden wird, da wird man auch von dem sprechen, was diese Frau getan hat, zu ihrem Gedächtnis.«

Bei Johannes (12,1–11) findet die Salbung ebenfalls in Bethanien statt. Allerdings handelt es sich um eine Fußsalbung, und der Evangelist sagt auch, von wem sie ausgeführt wurde: von Maria, der Schwester der Marta und des Lazarus, die mit ihrem Haar die Füße Jesu trocknet. Hier ärgert sich nur Judas Iskariot über die vergeudeten 300 Denare, die das Nardenöl gekostet haben soll und die man den Armen hätte spenden können.

Lukas spricht als Einziger von einer Sünderin, und spätere Generationen deuteten diese Bezeichnung zur Hure um. Doch er nennt weder ihr Vergehen noch einen Namen oder eine Stadt: »Und siehe, eine Frau, die in der Stadt als große Sünderin lebte und erfahren hatte, dass Jesus im Haus des Pharisäers zu Gast sei, brachte ein Alabasterfläschchen mit Myrrhenöl und begann, indem sie von hinten an seine Füße herantrat und weinte, seine Füße mit ihren Tränen zu netzen und sie mit ihrem Haupthaar zu trocknen; dann küsste sie seine Füße und salbte sie mit dem Myrrhenöl« (Lukas 7,37–38). Im Gegensatz zu seinem Gastgeber, der Anstoß an der Berührung durch eine Sünderin nimmt, zeigt sich Jesus gerührt: »Ihre vielen Sünden sind ihr vergeben, denn sie hat viel Liebe erwiesen, wem aber nur wenig vergeben wird, der erweist auch nur wenig Liebe. Dann sagte er zu ihr: Deine Sünden sind dir vergeben« (Lukas 7,47–48). Die Episode endet damit, dass Jesus die Unbekannte »in Frieden hingehen« lässt. Im darauf folgenden Kapitel acht fällt gleich zu Beginn Maria Magdalenas Name. Im zweiten Vers wird sie in Verbindung mit den Jüngern und Frauen genannt, die Jesus begleiteten: »Maria Magdalena, aus der sieben Dämonen ausgefahren waren …« – immerhin liegt es nahe, in ihr die Dirne zu sehen, die »viel Liebe erwiesen« hatte.

Eine weitere Einladung, um Maria mit der Sünderin des Lukas zu identifizieren, erfolgt bei Johannes (11,1–3): »Es lag aber ein Mann krank danieder, Lazarus von Bethanien, aus dem Dorfe, in welchem Maria und ihre Schwester Marta wohnten – es war die Maria, die den Herrn mit dem Myrrhenbalsam gesalbt und seine Füße mit ihren Haaren getrocknet hat: Deren Bruder Lazarus lag krank danieder.« Das aber erwähnt Johannes, bevor er die Salbung in Bethanien überhaupt schildert – nämlich erst im nächsten Kapitel. Daraus ergeben sich zwei Möglichkeiten: Entweder hat der Verfasser des Johannes-Evangeliums die Lukas-Geschichte von der anonymen salbenden Sünderin gekannt und sie einfach auf Maria von Bethanien angewandt. Oder dem Evangelisten Johannes ist einiges durcheinander geraten. Sollte er sich mit diesem Verweis nämlich auf die von ihm geschilderte Salbung kurz vor der Kreuzigung beziehen, dann müssten die Kapitel vertauscht worden sein. Das heißt: Die Lazarus-Episode würde sich dann nach der Salbung in Bethanien und direkt vor dem Osterfest abspielen.

Eine komplexe Geschichte, die sorgfältiger Entwirrung bedarf. Vielleicht haben wir es mit drei Frauen zu tun: der namenlosen Frau des Matthäus und des Markus, der Schwester des Lazarus und der unbekannten Sünderin. Johannes,

Matthäus und Markus stimmen darin überein, dass die Salbung in Bethanien stattgefunden hat und eine kostspielige Angelegenheit war. Johannes und Lukas kongruieren in dem Punkt, dass die Füße Jesu gesalbt und mit dem Haar der Frau getrocknet wurden. Bleibt die Frage, welche von diesen dreien ist Maria Magdalena?

Folgen wir der Version des Johannes, die als Einzige sowohl Parallelen zu Lukas als auch zu Matthäus und Markus aufweist, dann rückt die Schwester des Lazarus und der Marta ins Blickfeld: Maria von Bethanien, die Lukas übrigens auch kennt. »Als sie dann weiterwanderten, kam er in ein Dorf, und eine Frau namens Marta nahm ihn in ihr Haus auf. Diese hatte eine Schwester namens Maria, die sich zu den Füßen des Herrn niederließ und seinen Worten zuhörte ...« (Lukas 10,38–39). Es erhebt sich die Frage, ob die Maria des Johannes identisch mit der des Lukas ist. Sie allerdings mit der als Hure verschrienen Sünderin des Lukas gleichzusetzen, fällt nicht eben leicht. Denn die Schwester der Marta wird mit keinem Wort als sündhaft bezeichnet, auch nicht bei Lukas. Vielmehr darf man von einer wohlhabenden Frau ausgehen – ebenso wie bei der namenlosen Frau des Matthäus und Markus, in deren Evangelien eine Maria von Bethanien überhaupt nicht erscheint. Davon zeugt allein das Pfund »Myrrhenbalsam, echt kostbare Nardensalbe« (Johannes 12,2–3), die dem römischen Schriftsteller Plinius zufolge entweder aus dem Wurzelstock des im Himalaja heimischen Nardos oder aus aromatischen Gräserarten Vorderasiens gewonnen wurde – entsprechend teuer war sie.

So lautet das Rätsel: Wer war Maria Magdalena – die reuige Sünderin oder eine wohlhabende Frau aus Bethanien oder konkret Maria von Bethanien? Viele Generationen von Theologen zerbrachen sich den Kopf darüber. Schon im vierten Jahrhundert grübelte Ambrosius: »Waren dort Maria, die Schwester des Lazarus, und Maria Magdalena oder noch mehrere Personen?« Auch Augustinus unterschied zwischen Maria Magdalena, die er als »fraglos unübertrefflich inbrünstiger in ihrer Liebe« schilderte, und der Sünderin des Lukas, in der er Maria von Bethanien vermutete.

Augustinus hat sich bei der Identifizierung der Sünderin offenbar ganz auf Haare und Füße verlassen. Versuchen wir es mit dem Namen. Gegen eine Identität mit Maria von Bethanien spricht die Bezeichnung Maria von Magdala. Magdala soll eine Stadt gewesen sein, die wegen ihrer freien Sitten berühmt war – und so fühlt man sich unwillkürlich an Maria Magdalenas überlieferten Ruf erinnert. Indessen streiten sich noch heute die Gelehrten, ob es sich um Migdal Nunaija am See Genezareth gehandelt hat oder um das Migdal am Jarmuk, das als Stadt der Färber bekannt war und später wegen der Sittenlosigkeit seiner Bewohner zerstört worden sein soll. Andere siedeln Magdala in einem Villenvorort des römischen Heilbades Tiberias an, in dem der Kuralltag entsprechende Arbeitsbedingungen für Gunstgewerblerinnen jeder Art geschaffen haben mag. Diese Auswahl möglicher Geburtsorte birgt vier potenzielle Antworten: a) Es war Maria Magdalenas sündhafter Ruf, der sich auch auf die vermeintlichen Heimatorte auswirkte. b) Es war das sündhafte Treiben in ihrer Geburtsstätte, das Maria Magdalenas Ruf bedingte. c) Stadt und Bewohnerin ergänzten sich wunderbar in ihrer Sündhaftigkeit. d) Maria und allen möglichen »Magdalas« verpasste man erst sehr viel später ein sündhaftes Ansehen. Egal: Ein Punktgewinn bei der Lösung des Rätsels geht jedenfalls an Lukas und seine unbekannte Sünderin.

Auffällig ist, dass solche tief greifenden Brüche im Persönlichkeitsbild dieser Frau stets nur innerhalb des Neuen

Testaments und seinem exegetischem Umfeld überliefert werden. Innerhalb der volkstümlichen Religiosität herrschte im Kontrast dazu ein ganz anderes Bild der Magdalenerin vor. Diese besaß dort, um es modern auszudrücken, ein durchweg positiveres Image. Einen guten Eindruck davon gewinnen wir durch Lektüre der *Legenda aurea,* des wohl beliebtesten Volksbuchs des Mittelalters. Diese *Goldene Legende* ist eine von Jacobus de Voragine, von 1292 bis 1298 Erzbischof von Genua, aufgeschriebene und bearbeitete Zusammenstellung altüberlieferter Lebensgeschichten Heiliger. Dieses Buch wurde ebenso als Anleitung zur Besinnung an Festtagen wie als tägliche erbauliche Lektüre weithin gelesen. Wahrscheinlich war das Werk zu seiner Zeit weiter verbreitet als die Bibel. Seine Quellen waren neben der Heiligen Schrift die Apokryphen, kirchliche Quellen sowie überlieferte Geschichten. Über die Herkunft Magdalenas lesen wir dort: »Maria Magdalena ist mit Beinamen genannt von der Burg Magdalum. Sie war von gar edler Geburt; ihr Vater hieß Syrus und ihre Mutter Eucharia. Mit ihrem Bruder Lazarus und ihrer Schwester Marta besaß sie die Burg Magdalum, die zwei Meilen ist von dem See Genezareth, und das Dorf Bethanien, welches nahe bei Jerusalem ist, und auch einen großen Teil der Stadt Jerusalem. Doch teilten sie alles unter sich, also, dass Maria Magdalum besaß, davon ihr auch der Name ward.« Ein Punkt für Johannes – ebenso ein Pluspünktchen für Markus und Matthäus und ihre wohlhabende Frau aus Bethanien – und eine erweiterte Fragestellung: Sünderin oder vermögende Frau oder gar eine Frau von königlicher Abstammung in Person der Maria von Bethanien – oder schließt eines das andere gar nicht aus?

Bei Lukas lesen wir: »In seiner Begleitung befanden sich die zwölf Jünger sowie auch einige Frauen, die er von bösen

Geistern und Krankheiten geheilt hatte, zum Beispiel Maria, die Magdalena genannt wurde, aus der sieben böse Geister ausgefahren waren, ferner Johanna, die Frau des Chuza, eines Verwalters des Herodes, und Susanna und noch viele andere, die ihnen mit denen zu Gebote stehenden Mitteln Dienste leisteten« (8,1–3). Die galiläischen Begleiterinnen Jesu leisteten also finanzielle Unterstützung und mit ihnen Maria Magdalena, die demnach Geld übrig gehabt haben muss. Damit erfreuen sich nun Markus und Matthäus mit ihrer wohlhabenden Frau ebenfalls eines Punktgewinns, und Johannes kommt dabei natürlich auch nicht schlecht weg. Andererseits spricht nichts dagegen, dass sich auch eine Sünderin als Gönnerin betätigte. Welche Frau aber ist nun Maria Magdalena?

Verbindliche Antwort darauf weiß die Kirche – als Einzige: »Wir glauben, dass sie, die Lukas ein sündiges Weib, Johannes aber Maria nennt, jene Maria ist, aus der nach dem Zeugnis des Markus sieben Teufel ausgetrieben wurden«, heißt es in der Predigt Gregors des Großen zum Lukas-Evangelium, der damit alle Zweifel rund um Magdalenas Identität im sechsten Jahrhundert einfach vom Tisch fegte und uns die große Sünderin – suggestiv die Hure – servierte. Also ergeht folgendes gerichtliches Urteil: Die Frau ist nichts weiter als eine Sünderin, die sich nur im Dienst am Herrn zur Heiligen aufrappeln kann. Ergibt folgende Gleichung: Der Mann ist der Mensch, die Frau nur das Mensch, die Lust ein Teufelswerk und Gott der Sittenwächter.

Es berichtet also nur Lukas von einer großen Sünderin, aber ohne Maria Magdalena oder eine Prostituierte konkret zu erwähnen. Insofern steht es in Sachen Salbung drei zu eins für die wohlhabende Frau aus Bethanien.

Es waren sieben Teufel, die nach Lukas und Markus der Maria Magdalena ausgetrieben worden sein sollen, Personifikationen des Bösen, das sich in Gestalt der sieben Todsünden – Maßlosigkeit, Habsucht, Trägheit, Zorn, Hochmut, Wollust und Neid – Herrschaft über die Seele zu verschaffen sucht.

Hinter dem Furcht einflößenden Begriff »Todsünde« verbergen sich lediglich »Schwächen des Fleisches«, die in jedem Menschen wohnen. Ist man bereit, die exorzistisch-brachiale Art und Weise der Läuterung Magdalenens als Tendenzbeschreibung im Sinne der kirchenkonformen Redakteure beider Evangelisten zu relativieren, erschiene ihre Läuterung als umso bemerkenswerter: als wahrhaft kathartischer Vorgang, der ein hohes geistiges Potenzial voraussetzt: Sich der »Fesseln des Fleisches« zu entledigen, ist schließlich im Sinne der christlichen Erlösungslehre alles andere als eine Kleinigkeit! Damit wäre Maria Magdalena unter die nicht eben bedeutende Zahl von Menschen einzureihen, die sich dem geistigen Leben in innerer Freiheit, in Liebe und Weisheit zu öffnen vermögen.

Das aber ist Maria Magdalena, wie sie in den gnostischen Evangelien erscheint. Dort tritt sie als die einzige Gestalt auf, welche die geheime, die innere Lehre Jesu verinnerlicht hatte, etwa wenn sie im *Dialog des Erlösers* als »die Frau, die das All kannte« gerühmt wird. Und im Philippus-Evangelium heißt es: »... die Gefährtin des (Erlösers ist) Maria Magdalena. (Aber Christus liebte) sie mehr als (alle) Jünger und

wählte die junge Kirche gerade Maria Magdalena für diese Rolle? Gibt es doch noch andere Sünderinnen, darunter auch eine Ehebrecherin, der gegenüber Jesus ebenfalls gegen den Widerstand seiner Umgebung Güte und Verzeihen walten lässt. Und waren die Wege zu Himmel und Hölle für die Frau nicht schon durch Eva und die Gottesmutter klar genug abgesteckt?

In der *Pistis Sophia,* einer gnostischen Schrift über Glauben und Weisheit, beschwert sich Petrus darüber, dass Maria in der Unterhaltung mit Jesus die Dominierende sei und ihn selbst und die anderen Apostel verdrängen würde. Er fordert Jesus auf, sie zum Schweigen zu bringen. Maria wiederum beklagt, dass Petrus sie als Frau geringer schätze als die anderen Schüler des Meisters. Der schlägt sich nach dieser Quelle klar auf die Seite Marias. Jeder dürfe sprechen, der von Gott dazu bestimmt sei und vom Geist getrieben werde – ob Frau oder Mann.

Der tiefere Grund für Maria Magdalenas Sonderrolle deutet sich möglicherweise in der Auferstehungsoffenbarung des Johannes an. Danach steht sie weinend am Grab, als sie Jesus erblickt, allerdings ohne ihn zu erkennen: »›Herr, wenn du ihn weggetragen hast, so sage mir doch, wohin du ihn gebracht hast; dann will ich ihn wieder holen.‹ Jesus sagte zu ihr: ›Maria!‹ Da wandte sie sich um und sagte auf Hebräisch zu ihm: ›Rabbuni!‹, das heißt ›Meister‹. Jesus sagte zu ihr: ›Rühre mich nicht an, denn ich bin noch nicht zum Vater aufgefahren‹« (20,15–17). Diese Warnung, ihn nicht zu berühren, aber will zur dogmatischen Lehre einer körperlichen Auferstehung nicht recht passen. Diese wird eher durch die – spätere – Episode unterlegt, in der der Auferstandene den ungläubigen Thomas seine Kreuzigungswunden berühren lässt. Zur besseren Deutung des Berichts über die Begegnung mit Maria Magdalena am Grab lohnt es sich, die gnostische Vorstellung vom Auferstehungsleib, vom »neuen goldenen Gewand der Seele«, heranzuziehen.

In den Mysterienkulten der Levante standen Initiationen im Mittelpunkt, bei denen der Einzuweihende symbolisch leiden, sterben und auferstehen musste. Ein echter Messias jedoch, der die Sünden der Welt hinwegnimmt, hat diesen Weg nicht nur rituell, sondern auch biografisch zu gehen, bis hin zur »realen« Auferstehung, die als größtes aller Wunder den festen Grundstein der neuen Kirche bilden sollte.

Etwas ungelegen käme dabei allerdings eine Maria Magdalena als erster Mensch, der den auferstandenen Messias sah. Schließlich übernahm sie damit zumindest symbolisch den Auftrag, die Frohe Botschaft weiterzuleiten. Wie die Jünger darauf reagierten, ist hinlänglich bekannt. »Nachdem Jesus am ersten Tage der Woche frühmorgens auferstanden war, erschien er zuerst der Maria Magdalena, aus der er sieben Geister ausgetrieben hatte. Diese ging hin und verkündete es denen, die bei ihm gewesen waren und trauerten und weinten. Doch als diese hörten, dass er lebe und ihr erschienen sei, wollten sie es nicht glauben …« (Markus 16,9–11).

Lag es an ihrer Person, dass sie ihr nicht glauben wollten? War sie vielleicht esoterisch abgehoben und von daher unglaubwürdig? Vielleicht musste sich dies nach männlicher Vernunft so und nicht anders darstellen; Lukas etwa berichtet, dass ihr und zwei weiteren Frauen, die Jesus begleiteten, zwei Männer in strahlenden Gewändern erschienen. Sie machen die Frauen darauf aufmerksam, dass Jesus vorhergesagt hatte, er werde ausgeliefert, ans Kreuz geschlagen und auferstehen. »Da erinnerten sie sich seiner Worte, kehrten vom Grab zurück und berichteten dies alles den elf und allen übrigen« (Lukas 24,8–9). Doch auch hier erachten die Jünger es nur als leeres Geschwätz, und das obwohl es Jesus selbst prophezeit hatte.

Wegzubekommen aus der ganzen Auferstehungsgeschichte war die »Apostelin der Apostel« aber wohl deshalb schon nicht, weil ihre Rolle von vornherein fester Bestandteil der entsprechenden Überlieferung – egal welcher Version – gewesen sein dürfte. In einem Punkt sind sich alle Evangelisten einig: Es war Maria Magdalena, der Jesus als Erster erschien. Auch Paulus vermochte dies nicht aus der Welt zu schaffen, obwohl gesagt werden muss, dass er sich die allergrößte Mühe gab. Ostentativ legt der erste Brief an die Korinther den ihm angemessen erscheinenden Personenkreis fest, dem der wiederauferstandene Jesus begegnet sein soll, bis hin zur passenden Reihenfolge: »Ich habe euch nämlich an erster Stelle mitgeteilt, dass ... er dem Kephas (= Petrus) erschienen ist, danach den Zwölfen. Darauf ist er mehr als fünfhundert Brüdern auf einmal erschienen« (15,5–6). Als Höhepunkt erscheint demnach Jesus zuallerletzt auch dem Paulus selbst.

Es bedurfte des Zeitraums zweier Jahrtausende und des analytischen Geistes der modernen Wissenschaft, um die »männliche« Version der Geschehnisse um die Auferstehung vom Kopf auf die Füße zu stellen. Elaine Pagels schreibt in ihrem Buch *Versuchung durch Erkenntnis – die gnostischen Evangelien:* »Geheime Texte verwenden die Figur der Maria Magdalena, um anzudeuten, dass die Aktivitäten der Frauen die Führer der orthodoxen Gemeinde herausforderten, die Petrus als ihren Sprecher ansahen. Das Evangelium der Maria berichtet, dass die Jünger, als sie nach der Kreuzigung mutlos und verängstigt waren, Maria baten, ihnen zur Ermutigung zu erzählen, was der Herr im Geheimen mitgeteilt hatte, sie willfuhr und lehrte, bis Petrus wütend fragte:

›Sprach er wirklich mit einer Frau (und) nicht öffentlich mit uns? Sollen wir uns umwenden und alle ihr zuhören? Hat er sie uns vorgezogen?‹«

Doch war es Maria Magdalena, die mit den anderen Frauen mutig und bekennend unter dem Kreuz stand, während der zukünftige Papst Nummer eins den Herrn verleugnete. Vor seiner Festnahme wurden die Jünger vom Schlaf übermannt und ließen ihren Meister in seiner größten Angst allein. Maria Magdalena aber verkündete der Welt, dass Jesus auferstanden sei und lebe. Ihr ist es zu verdanken, dass seine Botschaft noch heute lebendig ist.

Petrus und Paulus entfalteten vielfältige Aktivität, um die ursprünglich unverzichtbaren Frauen auf jene Rolle festzulegen, die ihnen noch heute im Menschenbild der katholischen Kirche zukommt. Zur Apologetik des theologisch begründeten Geschlechterkampfes wird beispielsweise der Brief des Paulus an Thimotheus herangezogen, in dem steht, dass es Frauen nicht gestattet sei, zu lehren und des Mannes Herr zu sein. Um aber der Person des Paulus nicht unrecht zu tun, sei hier kurz erwähnt, dass dieser Brief manchen heute als gefälscht gilt. Nichtsdestotrotz lässt sich daraus schließen: Wenn es Frauen nicht gestattet sein soll, zu lehren, muss es zuvor Frauen gegeben haben, die lehrten; und wenn sich die Frauen nicht herrisch aufführen sollten, waren zu Jesu Zeiten wohl sehr selbstsichere Frauen unterwegs.

Es gab sehr wohl Frauen in der Entourage des Nazareners, die ausgesprochen wohlhabend und selbstsicher waren. Sie wanderten nicht nur mit ihm durchs Land, sie unterstützten sein Projekt auch materiell. Anders als im Rabbinertum und im einfachen Volk genossen Frauen in den höheren Kreisen zahlreiche Freiheiten und Rechte. Maria Magdalena war viel mehr als nur das Klageweib, das die Einbalsamierung besorgte. Es war ihre eigentliche Bedeutung in der messianischen Bewegung um Jesus, weshalb sie zur Sünderin gestempelt werden musste.

»Sprach er wirklich mit einer Frau (und) nicht öffentlich mit uns? Sollen wir uns umwenden und alle ihr zuhören? Hat er sie uns vorgezogen?« Nach dem Wutanfall des Petrus geschah dem Evangelium der Maria zufolge dieses: »Betrübt über diesen Zornausbruch, antwortete Maria: ›Petrus, mein Bruder, was denkst du nur? Denkst du, dass ich mir dies selbst im Herzen ausgedacht habe oder dass ich über den Heiland lüge?‹« In diesem Augenblick mischt sich Levi ein, um in der Auseinandersetzung zu vermitteln: »Petrus, du bist immer aufbrausend gewesen. Jetzt sehe ich dich gegen diese Frau streiten wie gegen Feinde. Aber wenn der Heiland sie würdig gemacht hat, wer bist du, sie abzuweisen? Sicherlich kannte der Herr sie sehr genau. Deshalb hat er sie mehr geliebt als uns.« Offen bleibt an dieser Stelle, ob die Ressentiments des Petrus der Magdalenerin als Frau galten, oder ob es die Lehren waren, die sie verbreitete – oder beides.

Die Besonderheit dieser Lehren wird nicht nur durch die Reaktion der Jünger unterstrichen, sondern auch durch die Entscheidung Jesu, sie ihr im Geheimen mitzuteilen. Dass Maria Magdalena tatsächlich predigte, weiß auch die *Legenda aurea* zu berichten. Danach soll sie samt ihrem Bruder Lazarus und ihrer Schwester Marta nach Marseille geflüchtet sein, wo sie »besser denn die andern das Wort Gottes mochte predigen«. Bei Jacobus de Voragine ist sie die Frau, »die sich nicht vom Grabe kehrte, da die Jünger davongingen; der Christus bei seiner Auferstehung zuerst erschien; und die er machte zur Apostelin der Apostel«.

Interessanterweise gingen später die meisten Gegenbewegungen zur Kirche des Paulus von Südfrankreich aus. Auch der Kult der Schwarzen Muttergottes nahm in der Camargue seinen Anfang. Im berühmten Wallfahrtsort der Zigeuner, in Les Saintes Maries, geht die Kunde, dass sich Maria Slomäa, Maria Jakobäa und Maria Magdalena vor der Verfolgung über das Mittelmeer gerettet hätten und von der Zigeunerin Sara Kali aus den Fluten geholt worden seien. Der Beiname Kali könnte auf die dunkle indische Göttin und die, mittlerweile bewiesene, indische Herkunft der Zigeuner hindeuten. Die Bezeichnung »die Ägyptische« diente den Eingeweihten womöglich als Hinweis auf eine Beziehung der »Maria« zu Ägypten und zu den Gnostikern.

Auch die im 20. Jahrhundert wiedergefundenen apokryphen Texte des frühen Christentums legen nahe, dass über Maria Magdalena eine geheime Tradition, die auf Jesus zurückging, direkt an die Gnostiker in Ägypten weitergegeben wurde. Diese wiederum beeinflussten offenbar maßgeblich die verschiedenen, später als häretisch bezeichneten Lehren: die Katharer, die Albigenser und den inneren Kreis der eng mit diesen »Häretikern« verbundenen Tempelritter. In deren Nachfolge finden sich unterschiedliche Geheimgesellschaften, die bis in unsere Zeit wirken.

Wofür steht also etwa die dunkle Maria in den unzähligen Wallfahrtsorten: für eine Art »Päpstin« als Stellvertreterin der Göttin – und damit als Gegenpäpstin zur männlich orientierten Kirche von Petrus und Paulus?

Lassen wir einmal Revue passieren, was Maria Magdalena alles gewesen sein soll: Dirne, Prinzessin, reuige Sünderin, Mystikerin, bekehrte Dienerin, Gefährtin des Erlösers, Apostelin der Apostel, Überlieferungsträgerin eines esoterischen Christentums, die personifizierte Sophia (Weisheit), das personifizierte Böse – sogar Jungfrau und Märtyrerin, wenn wir auch die Ostkirche berücksichtigen. Nach deren Überlieferung ging sie nach der Kreuzigung gemeinsam mit Johannes und der Mutter Jesu nach Ephesos, wo sie als jungfräuliche Märtyrerin starb. Eine andere Legende wiederum erzählt, dass sie jahrelang in tiefer Kontemplation in einer Höhle bei Marseille gelebt habe und im französischen Aix gestorben und begraben worden sei.

Die Niederschrift der Evangelien des Neuen Testaments erfolgte nicht früher als 60 bis 80 Jahre nach den dort geschilderten Ereignissen, die Schlussredaktion gar erst ungefähr 200 Jahre danach. Die gnostischen Evangelien dagegen blieben von einer kirchendogmatischen Überarbeitung verschont, weil sie im Geheimen weitergegeben wurden.

Dieser zweifache Überlieferungsstrom mündete in ein tief gespaltenes Bild, das sich die christliche Welt von dieser Frau machte. Für die breite Masse, die den Suggestionen der institutionalisierten Kirche folgte, wurde sie zur Projektionsfläche für die – theologisch fein austarierte – Vorstellung der gefallenen Frau, die bereut und der verziehen wird. Für eine verfolgte Minderheit nonkonformistischer Christen dagegen war sie die verbotene Göttin in unendlich wandelbarer Gestalt.

Kapitel 5

Das Heilige Land im Jahre Null

Selbstbewusste Frauen, Freiheitskämpfer, Mystiker

Nimmt man das Neue Testament zum Maßstab, erscheint die Lebenswelt des Heiligen Landes zu Zeiten Jesu einigermaßen idyllisch. Wäre da nicht das Mobbing eines Messias durch das geistliche Establishment, wäre da nicht dieser grausame Tod am Kreuz gewesen, erschiene jene einfache Welt der Fischer, Bauern und Rabbis als irgendwie zeitlos und heil. Ziehen wir jedoch andere Quellen heran, so bietet sich uns ein ganz anderes, wohl realistischeres Bild.

Die Ära, als unsere Zeitrechnung begann, bescherte der Welt einen wirklichen, großen Einschnitt. Die Welt war schon damals um einiges größer, als es die beschaulichen Schilderungen der Bibel suggerieren. Der jüdische Chronist Josephus Flavius schildert in seinem *Jüdischen Krieg* zum Beispiel die Herrschaft des Herodes. Dieser war nicht etwa ein kleiner römischer Statthalter, sondern der königliche Regent eines bedeutenden Teils des großen Reiches.

Wohl an die acht Millionen Juden gab es seinerzeit, und schon damals lebten die meisten von ihnen in der Emigration. Michael Grant legt in seinem Buch *Das Heilige Land* dar: »Ungefähr eine Million dürfte in Babylonien gelebt haben … Die restlichen sieben Millionen lebten etwa zur Hälfte auf römischem Staatsgebiet, die übrigen waren in Vasallenstaaten des Römischen Reiches ansässig und machten etwa sechs Prozent der Gesamtbevölkerung der betreffenden Gebiete aus.«

Im Westen Kleinasiens, in Syrien und in Ägypten waren es sogar um einiges mehr. Das Judenviertel von Alexandria stellte etwa ein Drittel der Bevölkerung des größten Handelshafens der damaligen Welt. In Rom lebten zwischen 20 000 und 40 000 Juden, in Judäa selbst etwa zweieinhalb Millionen. Zwischen Jerusalem und den Diasporagemeinden herrschte ein reger Austausch, sowohl von Handelsgütern wie auch von kulturellen und religiösen Neuerungen. Joseph von Arimathäa, der das Grab Jesu gestiftet und der Gralstradition zufolge das Heilige Blut nach Frankreich gebracht haben soll, soll gar die Zinnstraße bereist haben; diese führte von den Bergwerken Englands quer durch Frankreich nach Marseille, von wo das Metall in alle Länder des Mittelmeeres verschifft wurde.

Deutlich spürbar, schon seit längerer Zeit, war in Palästina der hellenistische Einschlag. Ein Bund griechischer Städte rund um den Jordan diente als Bollwerk römisch-griechischer Kultur gegenüber dem vorderasiatischen Einfluss. Die Zehnergemeinschaft »Dekapolis«, bei Markus und Matthäus als die »zehn Städte« bekannt, zeugt mit imposanten Säulengängen, Theatern und Tempeln noch heute vom urbanen Charakter der Kulturzentren jenes vorgeblich abgeschiedenen Landes, das Bibelleser traditionell rund um den See Genezareth herum ansiedeln.

In der kosmopolitisch geprägten Lebenswelt der Spätantike war die Stellung der Frau keineswegs immer und überall so, wie Rabbinertum und angehende Kirchenväter es sehen wollten. In Ägypten müssen die Frauen gar in den Augen der Römer einen bevorzugten Platz eingenommen haben. Herodot berichtet: »Die Frauen gehen auf den Markt und handeln, und die Männer sitzen zu Hause und weben.« Im ersten Jahrhundert vor der neuen Zeitrechnung wunderte sich der Grieche Diodor über die Rechte der Ägypterinnen: »Und selbst im privaten Bereich erlangt die Frau durch den Ehevertrag die Herrschaft über den Mann, in dem dieser verspricht, er werde in jeder Beziehung seiner zukünftigen Frau gehorchen.«

Matriarchale Sitten also im großen Nachbarland Ägypten, in dem die Juden lange Zeit beheimatet waren. Haben sie die Kinder Israels so sehr erschreckt, dass ihr Gottvater besonders strenge Regeln setzen musste? Im Geiste jenes Teils der biblischen Schöpfungsgeschichte, nach der Eva aus einer Rippe Adams geschaffen worden war, setzte die mosaische Geistlichkeit jedenfalls immer rigidere Bestimmungen für das weibliche Geschlecht durch. Ein von Frauen begangener Ehebruch etwa zog die Todesstrafe nach sich, während die Herren der Schöpfung trotz des Gebotes »Du sollst nicht ehebrechen!« sich gerne einige Freiheiten gönnten.

Patriarchalisch-strenge Sitten und Gebräuche wurden allerdings vornehmlich in den einfachen Bevölkerungsschichten bewahrt. In dem von Elie Kedourie herausgegebenen Band *Die jüdische Welt* heißt es: »Einer der bedeutsamsten Prozesse, ohne den wir diese Periode keinesfalls verstehen können, war die Hellenisierung einer gewissen Gesellschaftsschicht in Judäa ...« Gemeint ist die Hinwendung wohlhabender und gebildeter Schichten des Judentums zur urbanen, eher freigeistigen Lebensweise der Griechen.

So liegt es nahe, dass Maria Magdalena tatsächlich einer höheren Gesellschaftsschicht angehörte. Ihr hervorgehobener Status dürfte es für sie ermöglicht haben, mit Jesus frei umherzuziehen, während der einfachen Jüdin Aktivitäten außerhalb der Familie normalerweise untersagt waren. Sie gehörte zu den Frauen, die dem französischen Historiker Jerome Carcopino zufolge damals durchaus ihr eigenes Leben führten. Laut seiner Untersuchung über *Feminismus und Sittenverfall* beklagten sich viele Männer der damaligen Zeit darüber, wie aggressiv die Frauen sich bei Diskussionen verhielten – eine augenfällige Parallele zu dem geschilderten Konflikt zwischen Petrus und Magdalena.

Eine Bestätigung liefert dafür auch das Evangelium nach Thomas dem Zwilling: »Simon Petrus sprach zu ihnen: Maria Magdalena möge fortgehen von uns, denn die Frauen sind des wahren Lebens nicht würdig. Und Jesus sprach: Wahrlich, ich sage euch, ich werde sie führen, um sie männlich zu machen, damit auch sie ein lebendiger Geist wird, vergleichbar den Männern. Denn jede Frau, die sich männlich machen wird, wird eingehen in das Himmelreich« (114).

Jesus bezieht sich hier auf die weiblich-männliche Einheit im Geiste, die Androgynität, die sowohl ein Anliegen der griechischen Mysterien war als auch der Gnostiker. Petrus wiederum zeigt uns, dass Jesus und Maria Magdalena in jedem Fall zwischen zwei Kulturen gestanden haben müssen. Auf der einen Seite präsentiert sich uns das strenge Judentum mit seinem rigiden Frauenbild, auf der anderen Seite das weitaus liberalere der griechisch-römischen Antike.

Zu Zeiten Maria Magdalenas hatte in Rom die patriarchalische Ehe beinahe zu existieren aufgehört. Beide Partner gaben einander ein freiwilliges und gleichwertiges Eheversprechen. Die Gleichberechtigung setzte sich im Alltagsleben fort. Frauen trieben Sport, reisten allein, gingen in kulturelle Veranstaltungen und führten selbstständig Geschäfte. Mädchen durften dasselbe studieren wie Jungen. Frauen arbeiteten sogar als Wissenschaftlerinnen oder Medizinerinnen.

Die jüdische Oberschicht hatte sich weitgehend mit der römischen Vorherrschaft abgefunden und übernahm immer mehr von den religiösen Vorlieben der kulturell führenden Römer und Hellenen. Die Juden in der Diaspora wiederum konnten sich nicht immer an die religiösen Vorschriften ihres Volkes halten. Zudem integrierten sie die Ideen fremder Religionen, sodass Mischreligionen entstanden, die wieder ihren Weg zurück nach Palästina fanden. All das rief bei den orthodoxen Rabbinern und im gläubigen Volk Missbilligung, zum Teil sogar heftigen Widerstand hervor.

Doch damit nicht genug der Synkresien. In diesem religiösen Schmelztiegel köchelte gleichsam immer auch noch die religiöse Ursubstanz Palästinas und des gesamten Vorderen Orients vor sich hin. Gott der Herr, Jahwe, war im Gelobten Land selbst noch nicht allzu lange wirklich heimisch geworden. Vor allem die Frauen beteten noch immer gerne zu den seit Urzeiten geliebten Muttergöttinnen. Das orthodoxe Judentum hatte aber nicht nur gegen die Verehrerinnen der ägyptischen Isis, der phönizischen Astarte oder der griechischen Göttinnen zu kämpfen. Auch im Lager des Vatergottes gärte es. Beispielsweise die Samariter behaupteten, ihr Glaube an Jahwe sei der einzig wahre jüdische Glaube, und sie setzten damit ein Schisma in Gang.

Die Vielfalt und Vielschichtigkeit des religiösen Lebens im Palästina jener Zeit macht es nicht gerade einfach, einer Frau namens Maria Magdalena und einem Mann namens Jesus nachzuspüren, die als Protagonisten einer spirituellen Revolution auftraten. Aber galt ihr Wirken tatsächlich nur dem Streben nach Transzendenz und überweltlicher Erlösung? So wollen es uns offenbar die Interpreten des unter dem Namen des Apostels Johannes überlieferten Johannes-Evangeliums glauben machen, das allerdings bekanntlich am wenigsten Tatsachensubstanz über das Leben und Wirken Jesu enthält. Dort findet sich das zur Untermauerung der angeblich völlig unpolitischen Haltung des Religionsstifters immer wieder herangezogene Wort: »Mein Reich ist nicht von dieser Welt.« War es vielmehr nicht doch so, dass Religion in Politik und Politik in Religion überging? Schon gewisse Ungereimtheiten innerhalb der offiziellen Evangelien lassen dies vermuten.

Draußen im Lande, bei den einfachen Leuten am See Genezareth oder im Hügelland von Galiläa mochten sich viele der Dominanz der Römer partout nicht fügen. Das Blutbad des Pompeius in Jerusalem war nicht vergessen und schon gleich gar nicht, dass er in das Allerheiligste des Tempels eingedrungen war.

Auch Herodes verzieh man nie das Massaker, das er in Galiläa angerichtet hatte. Auf Beschluss des Großen Sanhedrin, des jüdischen Gerichtshofs, musste er Judäa verlassen. Das kostete 45 Mitgliedern unter ihnen das Leben. Herodes ließ sie kurzerhand hinrichten, als er später zurückkehrte, Samaria annektierte und so Judäa und Galiläa verband.

Da nützte nichts als Wiedergutmachung, weder die generöse Bautätigkeit des Herodes noch die verhältnismäßige Großzügigkeit der Römer gegenüber den jüdischen Gemeinden. Für viele Juden war und saß der Feind am Tiber – und natürlich in den eigenen Reihen, als Fünfte Kolonne der Römer. Für die Privatgelehrten Lincoln, Baigent und Leigh lieferte der Kampf gegen die römische Oberhoheit mehr als nur die historischen Randbedingungen für das Wirken des Nazareners. In *Das Vermächtnis des Messias* beschreiben sie die Sadduzäer als einflussreiche Priesterkaste, die viele Verwaltungsposten im Land innehatte und zu Arrangements mit Rom bereit war: »Sie akzeptierten die Anwesenheit der Römer in ihrem Lande und schlossen Frieden mit den römischen Behörden. Was weltliche Dinge betraf, waren sie praktisch, erfahren und kosmopolitisch; sie passten sich den griechisch-römischen Werten, Betrachtungsweisen, Sitten und Bräuchen des Reiches an. In den Augen ihrer Feinde galten sie als Kollaborateure.«

Diese Feinde waren vor allem die Zeloten, eine militärische Widerstandsbewegung der Juden gegen die römische Besatzung. Nach Josephus etablierten sie eine »Herrschaft des Terrors«. Sie überfielen sogar auch jüdische Siedlungen, töteten jüdische Kollaborateure und stifteten die Juden zum antirömischen Kampf an. Eine besonders wagemutige Fraktion der Zeloten wurde »Sikarier« (Dolchmänner) genannt, deren Anschläge römischen Transporten, Garnisonen und Nachschublinien galten. Forscher, die auch Jesus als Freiheitskämpfer sehen, spekulieren auf eine Verbindung des Messias mit den Zeloten. Als Indiz führt Prof. S. G. F. Brandon von der Universität Manchester den Beinamen des Judas an: Ischarioth könnte eine Verballhornung des Beinamens »der Sikarier« sein.

Andere Anhaltspunkte allerdings sprechen für eine Mitgliedschaft Jesu bei den Essenern. Als Mystiker und Asketen stehen die Essener allgemein in einem friedlichen Ruf. Auch sie dürften jedoch nicht die gewaltlose Gemeinde gewesen sein, als die man sie sich lange Zeit dachte. Kennzeichnend für sie war vor allem, dass sie eine apokalyptische Vision vertraten und auf nichts sehnlicher warteten als auf den prophezeiten Messias.

Damit standen sie nicht allein. Auch im Tempel wandten sich immer mehr kritische Pharisäer der Messias-Idee zu. Wir kennen das Wort »Pharisäer« als Schimpfwort. Im Gegensatz zu den konservativ eingestellten Sadduzäern betrachteten ausgerechnet die Pharisäer Religion jedoch als etwas, das der lebendigen Erfahrung des Göttlichen dienen sollte. Es gibt sogar Anhaltspunkte dafür, dass Teile der christlichen Lehre von ihnen stammen. So heißt es in den Sprüchen des Pharisäer-Lehrers Hillel: »Was dir selbst verhasst ist, das tue auch deinem Nachbarn nicht an.«

Das messianische Anliegen vertraten auch die geheimnisvollen »Söhne Zadoks«. Sie sollen sich »Nazoräer« genannt haben, vielleicht weil sie Gefolgsleute des Nazareners waren? Jedenfalls verband all diese Gruppen zweierlei: Sie stemmten sich gegen die Kolonialmacht der Römer und erhofften sich die – auch weltlich verstandene – Befreiung durch einen Messias.

Für die Juden der damaligen Zeit bedeutete der Messias eben nicht dasselbe, was wir darunter verstehen. Er war nicht nur eine religiöse Verheißung, sondern auch eine politische, in innerer Verwandtschaft zu den Priesterkönigen, die einst in den alten Hochkulturen der Levante regiert hatten. Noch die letzten jüdischen Könige vor der Herrschaft des Herodes, die Makkabäer, hatten ein dynastisches Hohepriestertum eingeführt. Als Verbindung zwischen Gott und den Menschen stellte der Messias ein primäres gesellschaftliches Ordnungs- und Einigungsprinzip dar. Und vieles spricht dafür, dass man sich dies auch von Jesus erhoffte. Seine behauptete Abstammung aus dem Hause David, sein Wirken und die Unterstützung, die er sowohl aus hohen wie einfachen Kreisen genossen haben dürfte, prädestinierten ihn als Spitzenkandidaten für die Wiederkehr des Priesterkönigtums, das die Juden wieder einigen und von der Fremdherrschaft befreien sollte.

So passt auch eine Maria Magdalena aus königlichem Geblüt in dieses Bild. Und die Hypothesen von Jesus als Revolutionär, als Freiheitskämpfer gegen die Römer, so einseitig sie sein mögen, belegen zumindest, dass das Wirken des Nazareners auch handfest politische Motive gehabt haben könnte. Es existierte wohl einfach keine scharfe Trennungslinie zwischen politisch und religiös motivierter Erneuerungsbewegung. Selbst innerhalb der verschiedenen Lager gab es Abstufungen zur einen oder anderen Seite hin. Es fanden sich Sadduzäer, die vom Rom-Kurs in den eigenen Reihen abwichen, und Pharisäer, die die römische Herrschaft duldeten und sich strikt gegen den Messianismus aussprachen. Hierzu gehörten einige hervorragende Führer des Judentums: der bereits erwähnte Hillel und der Lehrer Schammai, die der Verfolgung des Herodes entgehen konnten. Sie waren die Väter der beiden wohl berühmtesten Thora-Schulen und legten den Grundstein für das jüdische Selbstverständnis der folgenden Jahrhunderte just zu dem Zeitpunkt, als in Jerusalem die neue Religion des Christentums ihr Haupt erhob. Womöglich ermöglichte es ihnen gerade ihre politische Zurückhaltung gegenüber den Römern, ungestört die mündlichen Gesetzesüberlieferungen der Juden zu sammeln und für die Nachwelt zu bewahren.

Der östliche Mittelmeerraum generierte seinerzeit eine außerordentliche Schubkraft für religiöse Erneuerung, sah einen bunten Cocktail der Kulte und Bewegungen, aus dem nicht weniger als drei getrennte Überlieferungsströme hervorgingen, die maßgeblich und dauerhaft die Religionsgeschichte prägten: Im jüdischen Tempel entstanden unter den als Kollaborateuren beschuldigten Priestern die Grundelemente des rabbinischen Judentums. Gleichzeitig wurde im Untergrund ein Messias-Bild geboren, das einerseits zum offiziellen Christentum, andererseits zu den verschiedenen als häretisch bezeichneten Sekten führen sollte – Sekten, die für andere den inneren Kreis der Lehre Jesu repräsentieren. Die christliche Bewegung verstand sich unter Paulus zunächst als Bindeglied zwischen der Messias-Idee auf der einen und den Römern auf der anderen Seite. Paulus stellte das Christentum genau in die Mitte zwischen den Urhebern seiner Lehre und die römisch dominierte Welt, in der sie blühen und gedeihen sollte.

Zu den Ungereimtheiten des historischen Teils der Schilderungen des Lebens Jesu im Neuen Testament gehört vor allem auch der rätselhafte Meinungswandel des einfachen Volkes, das ja sehnlich auf einen Messias gewartet und ihn in der Gestalt Jesu bejubelt hatte, plötzlich aber dessen Hinrichtung durch die Fremdherrschaft forderte. Ziehen wir in Betracht, dass die Niederschrift dieser Evangelien erst nach Niederschlagung des Jüdischen Aufstandes und der Schändung Jerusalems durch die Römer im Jahre 70 begann, so müssen wir in Rechnung stellen, dass dort all das keine Aufnahme fand, was den Römern ein Dorn im Auge hätte sein können. Die Darstellung Maria Magdalenas als geläuterte Sünderin könnte demnach auch ein Resultat der Furcht vor den Römern gewesen sein. Blättern wir noch einmal in der *Legenda aurea:* Hier ergab sich die Frau aus königlichem Geblüt zwar »ganz der leiblichen Wollust«, doch wird viel Wert auf ihre Bekehrung und Umkehr gelegt: »Magdalena ist so viel wie manens rea, die da schuldig bleibt; aber es heißt so viel wie die Befestigte; oder die Prächtige. Damit soll bezeichnet werden, wie sie war vor ihrer Bekehrung, in ihrer Bekehrung und nach ihrer Bekehrung.«

In der gnostisch beeinflussten Magdalenenverehrung des Mittelalters galt Maria also weiterhin als vornehme Frau –

und zwar wesenhaft: »vor ihrer Bekehrung, in ihrer Bekehrung und nach ihrer Bekehrung«. In der von kirchlicher und römischer Seite bereinigten Überlieferung dagegen ist sie stets die einfache Frau, die Sünderin, welche bekehrt wird. Doch sind neben der Umkehr einer Sünderin in Sachen Sexualität und Besessenheit auch andere Arten der Bekehrung möglich: vielleicht sogar eine politische? Es ist sehr gut denkbar, dass die als Hohepriesterin/Priesterkönigin designierte Frau königlichen Geblüts unter römischer Zensur zur einfachen Frau werden musste, damit die politische Dimension ihres Wirkens aus dem Bewusstsein verschwand.

Der Beigeschmack jüdischer Schuld an der Kreuzigung Jesu kam den Römern wohl nicht ungelegen. Allerdings lässt sich aus den Zwistigkeiten im Tempel schließen, dass den Sadduzäern und manchen Pharisäern der Tod dieses Messias ebenfalls nicht unwillkommen gewesen war.

Möglicherweise ist das Wort »Zensur« gar nicht ausreichend, um zu beschreiben, wie und in welchem Maß hier Geschichte umgeschrieben wurde. Es wäre unklug, jene Spekulationen in Bausch und Bogen zu verdammen, die sich um die Vermutung ranken, dass Jesus gar nicht am Kreuz gestorben sei. In den gnostischen Nag-Hammadi-Texten *Der zweite Logos des großen Seth* finden wir folgende bemerkenswerte Zeilen: »Ein anderer … war jener, der die Galle und den Essig trank; nicht ich war es, der mit dem Rohr geschlagen wurde, ein anderer war es, der das Kreuz auf seiner Schulter trug …«

Angesichts dieser Textstelle ergaben sich weitere Vermutungen: Die einen glaubten, Jesus habe weiter im Untergrund als Widerstandskämpfer gelebt und sei erst auf der Festung Masada in hohem Alter gestorben. Andere wiederum ließen ihn nach Indien ziehen, dort lehren und hochbetagt in Kaschmir sterben. Davon später mehr. Nehmen wir hier aber noch einen Hinweis zur Kenntnis, der aus den Passagen einer anderen Weltreligion stammt.

Im Koran, dem Jesus als großer Prophet gilt, heißt es: »Und weil sie sprechen: ›Siehe, wir haben den Messias Jesus, den Sohn der Maria, den Gesandten Allahs, getötet‹ – doch sie töteten ihn nicht und kreuzigten ihn nicht (zu Tode), sondern es erschien ihnen nur so – (darum straften Wir sie). Und siehe, diejenigen, die darüber uneins sind, sind wahrlich im Zweifel über ihn. Sie wissen nichts davon, sondern folgen nur Vermutungen. Und sie töteten ihn mit Gewissheit nicht« (Sure 4:156–157).

Gnostischen Text und Koran kann man also so lesen, dass Jesus dem Kreuzestod entging. Doch es kommt noch eine andere Interpretationsmöglichkeit in Betracht. Vielleicht ist damit ja die gnostische Vorstellung des »symbolischen Sterbens« gemeint. Das hieße allerdings in letzter Konsequenz, dass Christentum und Islam aus einem gemeinsamen, geheimen Überlieferungsstrom schöpften.

Die Gnosis spricht wieder für sich selbst

Die angeführte Textstelle im Koran wurde jedenfalls immer wieder zur Untermauerung der These angeführt, dass aus einer Traditionslinie von in die Wüste geflohenen Christen die Lehre Mohammeds entstanden sein soll. Lässt man eine solche Möglichkeit gelten, bestünde kein Grund, ausschließlich den geistigen Vätern des Neuen Testaments den Willen und die Fähigkeit zur Geschichtsklitterung zuzuschreiben. Sie könnten selbst zu Opfern eines noch umfassenderen Betrugs geworden sein, indem sie selbst, aber auch die romtreuen Juden und die Römer, den Kreuzestod für eine Tatsache hielten.

Lincoln/Baigent/Leigh vermuten, dass Anhänger der Nazoräer zuerst an das Ostufer des Jordans flüchteten und im Laufe der Zeit bis in die Nähe des Euphrat-Tigris-Beckens vordrangen: »In dieser Region, abgeschnitten von der Hauptader des Christentums, lebten sie über Jahrhunderte hinweg, ihre Tradition bewahrend. Man hat Mutmaßungen darüber angestellt, dass der Vater Mohammeds Mitglied einer Nazoräersekte gewesen sei und Mohammed selbst nach der nazoräischen Tradition erzogen wurde. Eine seiner Frauen soll Jüdin und Nazoräerin gewesen sein. Tatsächlich wird Jesus im Koran überwiegend von einem nazoräischen Standpunkt aus dargestellt.«

Wie dem auch sei: Zweifellos bewahrten die Gnostiker eine lebendige Erinnerung an Jesus als einen vollkommenen Menschen, dem es nachzustreben galt, durch Selbsterkenntnis und Vergeistigung der Leidenschaften. Die römische Kirche dagegen beharrte auf der Erlösung durch göttliche Gnade. Sie schickte sich an, die Weltkirche von morgen zu bauen, und benötigte einen Jesus, der die armen Sünder zu immerwährender Reue anhielt. Aussprüche wie aus dem Philippus-Evangelium, wonach Jesus Maria Magdalena oft auf den Mund geküsst habe, passten nicht ins Konzept einer Massenreligion, die jetzt jene drei Pfeiler erbaute, auf denen sie seither ruht: die institutionalisierte Kirche, das apostolische Glaubensbekenntnis und den Kanon des Neuen Testaments.

Eine besondere Gefahr für die noch ungefestigte, junge Kirche waren Texte der Gnostiker, die wir heute »Apokryphen« nennen. »Apokryphon« heißt wörtlich »geheimes Buch«. Die Mönche des Klosters St. Pachomius hatten gute Gründe dafür, warum sie ihre Schriften über Jesus 400 Jahre nach seinem Tod in einem Krug versteckten. Schon 180 n. Chr. waren die zahlreichen Niederschriften der Anhänger Jesu in Ägypten dem prominenten Bischof von Lyon, Irenäus, ein Dorn im Auge. Er beschuldigte die Gnostiker, mehr Aufzeichnungen über den Messias zu besitzen als die Kirche selbst. Und die Evangelien der Gnostiker waren tatsächlich in Rom und Griechenland, von Gallien bis Kleinasien berühmt – oder berüchtigt, je nach Standpunkt. Mitten im ärgsten Kampf zwischen den beschuldigten Häretikern und der sich konsolidierenden Kirche hat dann vor über 1600 Jahren ein christlicher Mönch in Ägypten die vielleicht ältesten Überlieferungen aus Jesu Zeiten in einer Tonvase vor der sonst sicheren Vernichtung gerettet.

Im Ägypten des Jahres 1945 dann, in dem geschichtslosen Provinznest Nag Hammadi, wollten zwei Brüder den Mord an ihrem Vater rächen. Vor der geplanten Blutfehde machten sie sich auf, um in den nahen Bergen mit ihren vielen Höhlen nach Dünger für die Felder zu graben. In einer dieser Höhlen fanden die beiden einen Tonkrug, der nicht die von ihnen zunächst befürchteten Dämonen beherbergte, sondern 13 in Leder gebundene Papyrusbücher.

Zu Hause angekommen, landete dieser Schatz zunächst auf einem Haufen Stroh. Denn damit pflegte die Mutter das Herdfeuer zu unterhalten und bediente sich nun auch einiger Seiten der alten Schriften. Die Brüder aber brachen auf und töteten den Mörder ihres Vaters, während bei ihnen zu Hause zufällig jene Jesus-Worte überlebten, die 19 Jahrhunderte zuvor jemand aufgeschrieben hatte und die seitdem von niemandem gehört worden waren: »Wenn ihr in euch erzeugt den, welchen ihr habt, wird er euch retten, wenn ihr ihn aber nicht in euch habt, wird er euch töten« (Thomas der Zwilling 70).

So wären die für uns ältesten erhaltenen Überlieferungen der Lehre Jesu zwar den Bücherverbrennungen der ersten Ketzerverfolgungen entkommen, nicht aber dem Herdfeuer einer ägyptischen Fellachenfamilie des 20. Jahrhunderts – wenn, ja, wenn die beiden mörderischen Brüder nicht Besuch von der örtlichen Polizei bekommen hätten. Für jenen wahrhaft unermesslichen Schatz der spirituellen Weltüberlieferung bildete dies den Ausgangspunkt einer abenteuerlichen Odyssee, die ihn durch viele unberufene Hände gehen ließ, bis er Jahrzehnte später endlich der wissenschaftlichen Erforschung zugänglich gemacht wurde. Einiges war schon anfangs wie gesagt verbrannt worden, vieles unterwegs verloren gegangen.

Elaine Pagels zufolge waren es 13 ledergebundene Handschriften (Codizes), die über den schwarzen Markt ins Koptische Museum in Kairo gelangten. Der 13. Codex mit fünf apokryphen Texten wurde zum größten Teil aus Ägypten herausgeschmuggelt, in Amerika zum Kauf angeboten und schließlich der C.-G.-Jung-Stiftung in Zürich verkauft. Neben dem Thomas-Evangelium fanden sich in dem Krug die Petrusapokalypse, das Evangelium des Philippus, das Evangelium der Wahrheit, das Ägypter-Evangelium, die Paulus-Apokalypse, der Brief des Petrus an Philippus und das Apokryphon des Jakobus. Und einige dieser Briefe, Apokalypsen und Evangelien sind möglicherweise älter als alle anderen Überlieferungen!

Elaine Pagels datiert die Papyri in die Zeit zwischen 350 und 400 n. Chr. Die Texte selbst jedoch dürften spätestens zwischen 120 und 150 n. Chr. entstanden sein. Der amerikanischen Religionswissenschaftlerin zufolge gibt es berechtigte Vermutungen, dass sie sogar noch früher überliefert wurden: »Neuerdings hat Professor Helmut Koester von der Harvard

University die Ansicht geäußert, die Sammlung von Worten Jesu im Thomas-Evangelium enthielte, auch wenn sie erst um 140 zusammengestellt wurde, doch Überlieferungen, die sogar älter als die Evangelien des Neuen Testaments seien.«

Die Ähnlichkeit vieler apokrypher Texte mit den Jesus-Zitaten im Neuen Testament unterstützt diese Ansicht. So findet man im Evangelium von Thomas dem Zwilling den Ausspruch vom Eckstein, den die Bauleute verworfen haben (Thomas 66 und Markus 12,10), den Spruch vom Königreich des Vaters (Thomas 76 und Matthäus 13,45–46), das Gebot »Suchet und ihr werdet finden!« (Thomas 92 und Mathäus 7,7) und die Warnung, die Perlen nicht vor die Säue zu werfen (Thomas 93 und Matthäus 7,6).

Die Liste ließe sich weiterführen. Diese vier Beispiele sollen genügen, um die Parallelen zu den kirchlich anerkannten Evangelien aufzuzeigen. Die Wissenschaft spricht von einem Urevangelium Q (für das deutsche Wort Quelle), auf dem alle Evangelien basieren, die vier kanonischen ebenso wie die geheimen apokryphen. Man vermutet, dass dieses Evangelium Q eine Sprüchesammlung gewesen sei und die vielen Formeln lieferte, die da wie dort mit »und Jesus sagte« beginnen. Wenn es aber eine solche allgemeine Basis aller Evangelien gab, dann kann man den vier anerkannten Evangelisten Markus, Matthäus, Lukas und Johannes schwerlich exklusiv einen Offenbarungscharakter zubilligen.

Wenn die Welt vor den Funden von Nag Hammadi überhaupt etwas von den Ansichten des frühen Christentums und der Gnostiker erfahren hatte, dann vorwiegend aus Schmähschriften ihrer mächtigen Gegner. Nun aber sprach die Gnosis für sich selbst.

Allerdings hatte schon 1769 ein schottischer Tourist namens James Bruce in der Nähe von Luxor ein koptisches

Manuskript entdeckt, das ein Gespräch zwischen einer Gruppe von Männern und Frauen um Jesus wiedergab, und verkaufte es weiter. 1785 erwarb das britische Museum es aus der Sammlung eines Antiquars, und es stellte sich heraus, dass dieses Manuskript die als *Pistis Sophia* bezeichnete, jedoch verloren geglaubte gnostische Schrift war, deren zentrale Gestalt Maria Magdalena ist.

Pistis Sophia (griechisch »Glaube und Weisheit«) ist der maßgebliche Mythos des valentianischen Glaubenssystems und berichtet vom Fall und Aufstieg der Sophia, des ersten femininen Prinzips, und von Jesu Seelenreise durch den vielstufigen Aufbau des gnostischen Weltensystems. Am Ende begegnet er Maria Magdalena, die ihn nach seinen Erlebnissen befragt. In seiner Antwort hebt der Meister sie über alle Jünger heraus, indem er ihr Gnosis verspricht, das geheime Wissen durch Erfahrung: »Maria, du Selige, welche ich in alle Mysterien derer von der Höhe vollenden werde, rede offen, du, deren Herz mehr als deine Brüder auf das Himmelreich gerichtet ist.« Damit aber nicht genug: Auch als »Fülle aller Füllen« und »Vollendung aller Vollendungen« wird sie gepriesen – sicher Grund genug, auch ein Evangelium nach ihr zu benennen.

1896 kaufte ein deutscher Orientalist genau diese Schrift, das *Evangelium der Maria Magdalena*, in Ägypten auf. Auch sie berichtet über die Reise der Seele durch die Welten, insbesondere die Einflussbereiche der Planeten, vor allem aber über die visionär begabte Maria und auch ihren Zwist mit den Jüngern. Dem Evangelium lagen drei weitere Texte bei, darunter das Apokryphon des Johannes. Dieses geheime Buch fand sich auch in drei Versionen bei den späteren Funden von Nag Hammadi wieder.

Diese Texte erregten nicht annähernd so viel Aufmerksamkeit wie später der Fund von Nag Hammadi. Sie lieferten jedoch bereits die Grundlage für ein neues, von zahlreichen Vorurteilen befreites Verständnis der Gnosis, das wir vor allem dem bedeutenden Privatgelehrten G. R. S. Mead zu verdanken haben, der im ausgehenden 19. Jahrhundert wirkte. Übereinstimmend zeichnen diese Quellen ein ganz anderes Bild Maria Magdalenas als die kirchlichen Evangelien und ihre Exegeten. Diese schildern sie als untertänige Magd, jene als würdige Lehrerin, als »Apostelin der Apostel«.

Das Bild Magdalenas steht in engem Zusammenhang mit jenem, das man sich von Jesus macht. Jesus von Nazareth wurde im Jahre 325 auf dem Konzil von Nicäa als Sohn Gottes anerkannt, sodass für Mirjam im Neuen Testament nur mehr eine Nebenrolle blieb. Davor hatte man in Jesus einen sterblichen Propheten gesehen, wie wir ihn auch aus dem Koran kennen. Die Gottessohnschaft, der »Menschensohn«, bildete nun den dogmatischen Grundstein in der Fortentwicklung der christlichen Religion. In der Folge wurde die Vernichtung aller Schriften angeordnet, die der kirchlichen Lehre widersprachen. Vor allem jede Infragestellung der Gottessohnschaft galt als Häresie. Um diese Zeit erhielt auch das Neue Testament seine endgültige Fassung. Von den etwa 5000 bis heute erhaltenen Abschriften des Neuen Testaments ist keine Einzige vor das vierte Jahrhundert zu datieren.

Die späte Schlussredaktion ließ Historiker immer wieder an den Angaben des Neuen Testaments zur Biografie des Religionsstifters zweifeln. Heute weiß man, dass schon die ersten Niederschriften der anerkannten Evangelien längst nicht so authentisch sind, wie lange Zeit vorausgesetzt. Als das Älteste der kanonischen Evangelien gilt das Markus-Evangelium, aber auch seine Niederschrift kann nicht vor dem Jahre 66 begonnen haben. Aus heutiger Sicht wirkt die Vorstellung, dass sich die Apostel noch als alte Männer selbst hinsetzten, um ihre Erinnerungen aufzuzeichnen, doch etwas abwegig.

Keinen Zweifel lässt schon Lukas, dass es viele verschiedene Berichte über das Leben von Jesus gab: »Weil schon viele es unternommen haben, einen Bericht über die Begebenheiten, die sich unter uns erfüllt haben, so abzufassen, wie die Männer sie uns überliefert haben, die von Anbeginn an Augenzeugen und Diener des Wortes gewesen sind, habe auch ich mich entschlossen, nachdem ich allen Tatsachen von den Anfängen an sorgfältig nachgegangen bin, alles für dich, hochedler Theophilus, in richtiger Reihenfolge aufzuzeichnen, damit du dich von der Zuverlässigkeit der Nachrichten, in denen du unterwiesen worden bist, überzeugen kannst« (1,1–4).

Der apokryphe *Brief des Abtalion* gibt uns eine Kostprobe, wie so eine Überlieferung funktionierte: »Hier also sitze ich und schreibe die Geschichte, wie unser Herr Jesus Christus meinen Ahnen Kudrus gerettet ... hat ... Und Kudrus erzählte diese Geschichte seinem erstgeborenen Sohn Phinees Anechpas. Und Phinees Anechpas erzählte die Geschichte seinem Sohn Josua ...« Um das Ganze abzukürzen, sei der Rest der Erzählung zusammengefasst: Sechs Söhne folgten noch, bis die Geschichte endlich zu Abtalion gelangte.

Nun hatten sicherlich nicht alle Überlieferungen eine so lange Ahnenkette zu überstehen. Doch es lässt sich leicht vorstellen, dass vieles im Laufe der Zeit verloren ging, vieles aber auch »in bester Absicht« hinzugefügt wurde. Darüber klären uns Paulus und Seneca auf: »Denn das eingeträufelte Wort will einen neuen Menschen schaffen ...«, heißt es in einem apokryphen Brief.

Offenbar ist es wenigstens gelungen, einen neuen Menschen Jesus zu schaffen. Der Jesus, der sich auch mit weiblichen Begleiterinnen umgab, sich von ihnen unterstützen ließ und eine Frau zur Lehrerin seiner Lehrer machte, wurde »ausgeträufelt«. Was blieb? Eine Kirche für Frauen auf den Betschemeln, nicht für Frauen an den Altären. Aus der Liebesbotschaft der Bergpredigt entwickelte sich eine Botschaft der Macht, die Frohbotschaft Jesu wandelte sich für sie oftmals zur Drohbotschaft.

Dass am Anfang des Christentums eine Religion stand, die der Frau einen ganz anderen Platz zukommen ließ, zeigt die bei Johannes erhaltene Geschichte von Jesus und der unbekannten Frau aus Samaria. Als diese Jesus um Wasser bittet, spricht der Meister zu ihr: »Du hast mit Recht gesagt: ›Ich habe keinen Mann‹; denn fünf Männer hast du gehabt, und der, den du jetzt hast, ist nicht dein Ehemann; damit hast du die Wahrheit gesagt« (Johannes 4,17–18). Kein Wort der Verurteilung fällt. Stattdessen nährt Jesus sie mit Weisheit: »Gott ist Geist, und die ihn anbeten, müssen ihn im Geist und in der Wahrheit anbeten« (Johannes 4,24).

Und weiter, im selben Zusammenhang: »... wer aber von dem Wasser trinkt, das ich ihm geben werde, der wird in Ewigkeit nicht wieder Durst leiden« (Johannes 4,14). In dieser Begebenheit, die bei Johannes zu einer Episode am Rande wird, steckt ein wichtiges Vermächtnis des neuen Glaubens. Auf die Versicherung der Samariterin hin, dass Jesus ein Prophet sei, kamen viele neue Anhänger zu ihm. Seine Jünger aber wunderten sich, dass der Meister mit dieser Frau überhaupt gesprochen hatte – und ihre Nachfolger würden wahrscheinlich auch heute noch dieselbe Verwunderung zeigen.

So ging viel von dem Heiligen Geist verloren, den Jesus im Philippus-Evangelium ausdrücklich als »Mutter« bezeichnet. Unmittelbar nachdem Sophia, die Weisheit, als Gefährtin des Heilands gerühmt wird, folgt jene berühmte Stelle, die besagt, dass Jesus Maria Magdalena mehr liebte als alle anderen Jünger, sie oft auf den Mund küsste und die Jünger deswegen eifersüchtig waren. Dann nennt Jesus den Grund seiner besonderen Beziehung zu der Frau aus Magdala: »Weshalb liebe ich euch nicht so wie sie? Ein Blinder und einer, der sieht, sind nicht voneinander verschieden, wenn beide im Finstern sind. Wenn (aber) das Licht kommt, wird der Sehende das Licht sehen, und der blind ist, wird im Finstern bleiben.«

Hier wird im Jargon des gnostischen Geheimwissens gesprochen, eines Wissens durch Erfahrung des Göttlichen, um den göttlichen Funken im Menschen zu erwecken. Hilfe dabei versprach einzig »der« Heilige Geist, das heißt Sophia, die Weisheit. Deshalb sagt Jesus an derselben Stelle: Jemand, der sich Christ nenne, erhalte diesen Namen so lange auf Zins, solange er nicht den Heiligen Geist empfangen habe.

Einer kirchlichen Männerwirtschaft aber gelang es, die mystische Erfahrung des höheren Selbst, gnostisch gesprochen: das »Mysterium der Hochzeit« komplett aus dem christlichen Alltag zu eliminieren. Generationen von Theologen wendeten sich stattdessen einer bei Matthäus überlieferten Äußerung zu, um das Heiratsverbot für Priester zu begründen: »Es gibt zur Ehe Untüchtige, die vom Mutterleib her so geboren worden sind; aber es gibt zur Ehe Untüchtige, die von Menschenhand zur Ehe untüchtig gemacht worden sind; und es gibt zur Ehe Untüchtige, die sich selbst um des Himmelreichs willen untüchtig gemacht haben« (Matthäus 19,12).

Bis zum heutigen Tag wird dieser Ausspruch heiß diskutiert. Die Zölibat-Befürworter interpretieren ihn im Sinne der Ehelosigkeit von Priestern. Andere wiederum meinen, dass Jesus die Frauen zu schützen suchte, da er zuvor sagt, dass jeder, der sich von seiner Frau scheiden lasse, Ehebruch begehe.

Übersehen wurde, dass es unmittelbar darauf heißt: »Wer es zu fassen vermag, der fasse es!« Eine typisch gnostische Formel, die auf einen hinter dem Wortsinn verborgenen, inneren Sinn des Vorangehenden verweist, und diesen finden wir im Philippus-Evangelium. Dort erklärt Jesus den geistigen Kern seiner Beziehung zu Maria, die ebenso wie Sophia als Begleiterin des Heilands bezeichnet wird, bevor er das gnostische Mysterium der Hochzeit zu erläutern beginnt.

Jesus spricht dabei von der Seele als Engel, vom irdischen Dasein als Abbild dieser Seele und von der himmlischen Hochzeit, die durchaus auf Erden stattfindet, wenn sich Abbild und Engel, Körper und Seele in einem Akt unbefleckter »Hochzeit« miteinander vereinen. Die Vereinigung zwischen dem Irdischen und dem Geistigen im Menschen vergleicht er mit der geschlechtlichen Vereinigung in der Ehe: »Das Mysterium der Hochzeit ist groß. Durch sie wurde nämlich die Welt (menschen)reich. Der Bestand der Welt beruht nämlich auf dem Menschen. Der Bestand des Menschen aber beruht auf der Ehe. Erkennt die unbefleckte Gemeinschaft, denn sie hat eine große Macht. Ihr Abbild besteht in der Gestalt-Befleckung.«

»Gestalt-Befleckung« sollte nicht als Ächtung der Sexualität aufgefasst werden. Vielmehr sieht der gnostische Jesus in der sexuellen Vereinigung von Mann und Frau ein irdisches Abbild der Verbindung des Menschen mit seiner Seele und damit seiner Ganzwerdung. Ja, er verweist sogar auf die Möglichkeit, sich mit Hilfe der Energie der Sophia, des mütterlich-geistigen Prinzips, einen unsterblichen Körper zu schaffen. Jesus untermauert das, indem er später zum Thema Versuchung bemerkt: »Wenn sie nämlich den Heiligen

Geist hätten, würde kein unreiner Geist sich mit ihnen verbinden.«

Es geht also nicht um Mann oder Frau, Verheiratete oder Unverheiratete, Verführte oder Nichtverführbare, sondern schlicht und einfach um jene Weisheit, die auch als »Mutter« und »Salz der Erde« bezeichnet wird. Mit ihrer Hilfe dringen wir zu unserem wahren Selbst vor. Nur sie führt uns zurück zu den gnostischen Vorstellungen von einem Menschen, der alle seine Möglichkeiten lebt. An der letzten großen Zeitenwende wurde diese Chance vertan. 2000 Jahre lang blieb es dem Menschen – im Namen der Gnade eines weit entfernten Gottes in einem noch weiter entfernten Himmel – verwehrt, »sich selbst eine Seele zu schaffen«.

Doch die Geheimnisse der Frau, die im *Dialog des Erlösers* als »die Frau, die das All kannte« gerühmt wird, warten nun darauf, wieder enträtselt zu werden. Der MM-Aspekt der gnostischen Theologie holt das Göttliche auf die Erde zurück und gibt uns die Verantwortung für uns selbst wieder, indem Maria Magdalena uns in ihrem Evangelium ganz einfach auf uns selbst verweist: »Denn in eurem Innern wohnt der Menschensohn; folget ihm nach: Wer ihn sucht, der wird ihn finden. Erhebt euch! Verkündet das Evangelium des Reiches Gottes!«

Kapitel 6

Und Gott wurde zum Herrn

Die letzten Stunden der Großen Göttin

Um den spirituellen Kern der jesuanischen Lehre herauszuschälen, sind weder Glaube noch Unglaube hilfreich. Anders herum gesagt: Zweifel mögen ebenso hilfreich sein wie die »Gnade des Glaubens«. Erstaunlicherweise besteht oftmals kein Widerspruch zwischen den gnostischen und den von der Kirche anerkannten Evangelien – andererseits liegen die Widersprüche innerhalb der letzteren nur zu oft auf der Hand.

Die meisten Menschen glauben, dass die Überlieferung von Jesu Leben einheitlich sei, aber die Evangelisten des Neuen Testaments widersprechen sich bereits, wenn es um die Geburt des Messias geht. Laut Markus ist Jesus der Sohn eines armen Zimmermanns, nach Matthäus wiederum ein direkter Nachkomme Davids und Salomos und damit von königlicher Herkunft. Lukas lässt ihn zwar aus dem Hause David abstammen, bei ihm gehört er jedoch einer verarmten Familienlinie an.

Ähnlich verhält es sich mit den ersten Besuchern des neugeborenen Kindes, das übrigens nur bei Lukas in einer Krippe liegt. Er berichtet, dass Maria und Joseph wegen einer Volkszählung von Nazareth nach Bethlehem reisten und Hirten den neugeborenen Knaben anbeteten. Im Matthäus-Evangelium erweisen ihm dagegen drei Weise aus dem Morgenland die Ehre. Sie besuchen dabei eine Familie, die sehr vornehm ist, in Bethlehem lebt und vor Herodes nach Ägypten flieht.

Was lässt sich aus diesen Ungereimtheiten schließen? Zumindest, dass wir auch die Rolle Maria Magdalenas als bekehrter Sünderin hinterfragen sollten. »Maria heißt das bittere Meer; oder die Erleuchterin; oder die Erleuchtete. Daran merken wir dreifaltig das beste Teil, das sie hat erwählt: das Teil der Buße, das Teil innerer Betrachtung; und das Teil himmlischer Glorien.« Mit diesen Zeilen beginnt in der *Legenda aurea* das Kapitel über Maria Magdalena. Und es schildert weit mehr als nur die erfolgreiche Bekehrung einer Sünderin.

Nun ist mit Sünde in Bezug auf die Verfehlungen einer Frau in der Bibel meist die sexuelle Verfehlung gemeint. In jener Zeit wurde nicht nur eine neue Religion geboren, sondern auch eine neue Moral. Das Zeitalter der von Göttinnen dominierten, alten Religionen des Nahen Ostens ging endgültig zu Ende.

Lange hatte es gedauert, bis sich der Monotheismus gegen die Fruchtbarkeitsreligionen der großen Göttinnen von Babylon, Ägypten, Ur, Kanaan, Kleinasien und Griechenland durchgesetzt hatte. Die Rechte der Frau wurden damit zunehmend beschnitten, auch die Haltung der Sexualität gegenüber änderte sich von Grund auf.

Wie schwer der Kampf der geistigen Erben des Moses gegen die lockeren Sitten der Israeliten und der sie umgebenden Völker war, berichtet das Alte Testament. Der Prophet Nahum etwa ließ den Einen Gott Ninive, der Metropole des assyrischen Weltreichs, drohen: »… wegen der vielen Buhlerei, der holdselig verführerischen Buhlerin, die ganze Völker mit ihrer Buhlerei und die Völkerschaften mit ihren Zauberkünsten (umgarnt) … will ich … deine Schleppe dir übers

Gesicht ziehen und den Völkern deine Blöße zeigen und den Königreichen deine Scham. Ich will dich mit Unrat bewerfen und dadurch entehren …« (3,4–5).

Auch in den eigenen Reihen machte den Wegbereitern Jahwes die Unmoral zu schaffen. Davon erzählt Ezechiel, der über die Städte Samaria und Jerusalem schreibt: »… es waren zwei Frauen, Töchter derselben Mutter, die trieben Unzucht in Ägypten und buhlten schon in ihrer Jugend; sie ließen dort ihre Brüste drücken, und dort betastete man ihnen den jungfräulichen Busen: Die ältere hieß Ohola und ihre Schwester Oholiba. Sie wurden beide mein und wurden Mütter von Söhnen und Töchtern; und was ihren Namen betrifft: Ohola ist Samaria und Oholiba ist Jerusalem« (23,1–4).

Es ist niemand anderes als Gott, der Herr, welcher hier als Eigentümer der als sündige Frauen personifizierten Städte auftritt. In seinem Namen warnte Ezechiel die verruchten Anhängerinnen der Großen Göttin davor, immer wieder in die alten Sitten zu verfallen: »… so will ich denn der Unzucht im Lande ein Ende bereiten, damit alle Weiber sich warnen lassen und nicht Unzucht betreiben wie sie. So wird man euch für eure Verworfenheit büßen lassen, und ihr sollt die Strafe leiden für das, was ihr mit eurem Götzendienst verschuldet habt, damit ihr erkennt, dass ich Gott, der Herr bin!« (23,48–49)

Man kennt diesen Gott als den Schöpfer von Adam und Eva. Aus dem Buch der Bücher geht er als einzig wahre Gottheit hervor. Auf den ersten Seiten der Bibel allerdings begegnet uns noch ein Schöpfer, der sich mit den Worten: »… der Geist Gottes schwebte über den Wassern …« (Genesis 1,2) als verborgener Gott zu erkennen gibt, als ein erstes Prinzip, das die Sieben als Zahl der Schöpfung bestimmte und den

»Rest« der Göttin überließ. Hier klingt noch die uralte Vorstellung von den Wassern des Lebens als Symbol für die Göttin an.

Man datiert das Eintreffen von Abraham, Isaak und Jakob im Heiligen Land zwischen dem 19. und dem 16. Jahrhundert. Setzt man die Zeit des Moses um 1300 an, kann man davon ausgehen, dass Abraham um 1550 v. Chr. gelebt hat, bei der damaligen Lebenserwartung von den sieben Generationen, die zwischen den beiden großen Patriarchen Israels liegen.

Ihr Wirken war nicht nur von großer Bedeutung für die zwölf Stämme Israels, denn ihr Gott der Väter des Judentums und des Christentums löste schließlich im gesamten Abendland die Religion der Großen Mutter ab. Deren Einfluss blieb jedoch noch lange bestehen, wie die angloamerikanische Schriftstellerin Merlin Stone in ihrem Buch über die Geschichte der Urreligionen *Als Gott eine Frau war*, herausarbeitet. Demnach wurde die Große Göttin seit dem Beginn der neolithischen Zeit um 7000 v. Chr. bis zur Schließung der letzten Göttinnentempel um 500 n. Christus offen verehrt. Im Jahr 268 wurde in Rom der Kybele-Kult gar noch in Prozessionen gefeiert. Auch der Apostel Paulus predigte beflissen gegen die Verehrung der Göttin in Anatolien und die »Lust der befleckenden Leidenschaft«.

Religion erklärt den Menschen die Geheimnisse von Leben und Tod. Ein großes Geheimnis war in vorgeschichtlicher Zeit auch das Ereignis der Geburt eines Menschen, denn man wusste nicht um den Zusammenhang zwischen Zeugung und Geburt. Als Schlüssel zu diesem Mysterium galt die Frau. Sie war die Trägerin des Lebens schlechthin und gab auch Hoffnung auf Erneuerung und Erhaltung der menschlichen Existenz. In der Altsteinzeit legte man den Toten Kaurischneckenschalen ins Grab, die als ein Ebenbild der Vulva dieser Hoffnung Ausdruck gaben. Die Frau wurde als natürliches Verbindungsglied zu den Schöpfungskräften der Natur gesehen. Deshalb betrachtete man in jener Zeit also wohl alle Geburten als »jungfräulich«. Diese Vorstellung lebte indirekt weiter in dem weltweit verbreiteten Glauben, dass große Führer und Wegbereiter der Menschheit vaterlos sind. Jesus ist hier kein Einzelfall. Auch Buddha galt als jungfräulich Empfangener. Und auch von Sargon I. (2350–2279), einem der größten Herrscher Mesopotamiens, heißt es, dass er keinen Vater gehabt habe und seine Mutter eine Hohepriesterin gewesen sei. Selbst in ganz anderen Gebieten der Erde ohne Verbindung mit dem eurasischen Kulturraum, existierte diese Überzeugung. So heißt es auch von Quetzalcoatl und Montezuma, sie seien jungfräulich empfangen worden.

Natürlich lässt sich nicht ausschließen, dass mit einer Jungfrauengeburt hier und da eine illegitime oder niedrige Abkunft großer Herrscher bemäntelt werden sollte. Im Falle Jesu hat sich die Behauptung einer jungfräulichen Geburt jedenfalls auch politisch als äußerst dienlich für die Kirche erwiesen.

Offensichtlich nahmen aber die Gnostiker die jungfräuliche Geburt nicht wörtlich. »Einige sagten: ›Maria ist schwanger geworden vom Heiligen Geist.‹ Sie irren sich! Sie wissen nicht, was sie sagen! Wann wäre jemals ein Weib von einem Weibe schwanger geworden?«, heißt es im Philippus-Evangelium, und danach: »Und der Herr hätte nicht gesagt: ›Mein Vater, der du bist im Himmel‹, wenn er nicht (noch) einen anderen Vater gehabt hätte; sondern er hätte einfach gesagt: ›Mein Vater‹.«

Die Kirche aber baute die Jungfrauengeburt zum unumstößlichen Dogma aus, um schließlich Maria beim Konzil von Ephesus im Jahre 431 n. Chr. den Titel der Gottesgebärerin, »theotokos«, zu verleihen und dadurch für eine raschere Verbreitung des Christentums zu sorgen. 1854 folgte das Dogma von der Unbefleckten Empfängnis, wohl auch deshalb, um Trostsuchende zurück in ein Gottesreich zu führen, das im Zeichen des Industriezeitalters langsam an Einfluss zu verlieren begann.

In der Not wandten sich viele Christen schon immer an ihre »regina coelis«. Die wenigsten aber wussten, dass diese Himmelskönigin berühmte Vorgängerinnen hatte. Als Pietà mit dem toten Jesus auf ihrem Schoß gleicht die Gottesmutter nicht nur verblüffend der ägyptischen Isis mit dem Horus-Knaben, sondern auch Bildnissen aus Kreta und Babylon, auf denen die Göttinnen und Königinnen mit ihren geopferten Geliebten auf dem Schoß dargestellt werden.

Die Opferung des jungen Gottes

Ebenso wie die Umdeutung der großen Frauengestalten Eva und Maria Magdalena wird auch die Kreuzigung des Messias vor dem geschichtlichen Hintergrund besser nachvollziehbar. Am Anfang der Religion stand das Mysterium von Geburt und Tod. Die Menschen sahen an sich selbst und an der Natur, wie Leben in die Welt kam und wieder aus ihr verschwand. So entstand die Idee, Fruchtbarkeit durch Opferungen zu fördern. In dieser Erwartung drückte der frühgeschichtliche Mensch einen Zusammenhang aus, den wir am einfachen Beispiel eines Samenkorns erfassen können. Erst wenn dieses sein

Dasein »opfert«, zur Pflanze wird, ermöglicht es den Prozess des Wachsens, Blühens, Reifens und der Fruchtbildung.

Dieses »Opfer«, das die Natur selbst wieder und wieder für neues Werden bringt, nahmen die Menschen zum Vorbild für religiöse Riten, mit denen das Werden und Vergehen der Dinge nach ihren eigenen Wünschen beeinflusst werden sollte. Deshalb brachte man kleine Figuren in Höhlen dar, die als Versammlungsplatz und erste Kultstätten dienten.

Auch der Wandel des Mondes, insbesondere seine eigene »Opferung« bei Neumond, aus der wiederum der volle Mond entstand, stand im Zusammenhang mit dem großen Stirb und Werde, dem tiefsten Geheimnis der Natur. Als die Phasen des Mondes mit den Phasen im weiblichen Leben in Beziehung gesetzt wurden, entstand der Glaube an die Mondgöttin. Der Mond bestimmte Aussaat und Ernte, Fruchtbarkeitsfeste und Feiern, und »er« galt selbstverständlich als weibliche Macht. Alle Fruchtbarkeitsgöttinnen waren Göttinnen des Mondes. In ihren Tempeln huldigte man der Fruchtbarkeit, die der Mond schenkte. Den Höhepunkt bildeten dabei wohl auch erotische Riten.

Allerdings ist die im Abendland seit der Spätantike fest verwurzelte Überzeugung, dass eine Babylonierin nur hatte heiraten dürfen, wenn sie sich vorher im Tempel einem Fremden für Geld hingegeben hatte, nicht zu beweisen. Diese Auffassung geht auf den griechischen Historiker und Geografen Herodot zurück, der im 5. Jahrhundert v. u. Z. lebte. Sie findet sich charakteristischerweise als Paradebeispiel für alle Predigten der Kirchenväter gegen die Unzucht wieder. Bei Luther war die »Hure Babylon« ein Kampfbegriff, um die Verkommenheit des Papsttums zu geißeln – ein schönes Beispiel für die universelle Verwendbarkeit Babylons als Synonym für alles, was Europa für sündhaft hielt.

Etwas ganz anderes dürfte im alten Babylon geschehen sein, wenn man von dem Ritus der »Heiligen Hochzeit« spricht. Obwohl es durchaus möglich ist, dass er – zumindest in ganz alter Zeit – wirklich physisch vollzogen wurde, liegt im tiefsten Grunde doch ein Denken in Analogien zugrunde, nämlich dass bei der körperlichen Vereinigung von Mann und Frau symbolisch auch die ursprüngliche Vereinigung der Göttin mit dem Gott nachvollzogen wird.

In ihrem Buch *Frauen-Mysterien einst und jetzt* beschreibt die C.-G.-Jung-Schülerin Esther Harding Riten, auf die unser heutiger Begriff »Hochzeit« zurückgeht: »Um die Wahrheit, dass Gott in der Verbindung von männlich und weiblich ... manifest und wirksam ist, zu symbolisieren, opferten Frauen bei ihrer Initiation in die Mysterien der Großen Göttin ihre Jungfräulichkeit im Tempel, indem sie auf einen ›hieros gamos‹ eingingen, eine heilige Hochzeit, bei der die phallische Kraft des Gottes entweder durch den Priester oder durch das Bild des Phallus selbst oder durch irgendeinen Fremden, der die Nacht im Tempelbereich zubringen mochte, dargestellt wurde.«

Die eigentliche »Hohe Zeit« aber fand im Innersten des Tempels statt, wenn die Königin oder die Hohepriesterin als Stellvertreterin der Göttin sich auf der Spitze der Tempelbauten mit ihrem Geliebten vereinigte. Die Heilige Hochzeit galt als Geschenk an die Herrin im Himmel und an die Fruchtbarkeit der Erde zugleich.

Offenbar war es ursprünglich so, dass der Geliebte der Königin für diese Fruchtbarkeit tatsächlich sein Leben geben musste. »Die Pflanze muss sterben, um einen neuen Samen hervorzubringen.« In Anlehnung an diesen Gedanken hatte auch nach dem »hieros gamos« das zeugende Prinzip zu sterben, um als jugendlicher Geliebter wieder auf die Welt zu kommen. Der ewige Kreislauf von Werden und Vergehen fand im Tempel seinen Höhepunkt, wenn der König geopfert wurde. So entwickelte sich die Vorstellung, dass der König durch seinen Opfertod zu einem jungen Gott avancierte. So führte er dem Volk die Möglichkeit des Aufstiegs zu einem höheren Dasein vor Augen.

Je weiter die Zeit fortschritt, umso mehr milderte sich das zu erbringende Opfer. »Bereits im alten Babylon war es insofern abgeschwächt, als der König beim Neujahrsfest im Tempel nur entkleidet, gedemütigt und geschlagen wurde, während auf dem Marktplatz ein Ersatzmann, der in allem Glanz zeremoniell inthronisiert worden war, mit dem Strick getötet wurde«, schreibt L. Frobenius in seinem Buch *The Childhood of Man*.

Auch als die Königinnen und die Hohen Priesterinnen schon an Macht verloren hatten, blieb der Glaube an die Abhängigkeit des menschlichen Fortbestands von der Heiligen Hochzeit bestehen. Der Fruchtbarkeit spendende Ritus, bei dem der König zumindest gedemütigt wurde, lässt sich in der Geschichtsschreibung der Römer noch bis zum Jahr 150 n. Chr. verfolgen. Nach Lukian wurde seinerzeit in Byblos, einer Stadt in der Nähe des heutigen Beirut, der Tod des Adonis als Geliebter der Göttin gefeiert. Lukian selbst führte die geheimen Riten des Adonis auf die des zerstückelten Osiris zurück. Auch die Rituale der kleinasiatischen Göttin Kybele wurden 268 n. Chr. in Rom noch durchgeführt. Es heißt, dass dabei der Sohngeliebte Attis symbolisch an einen Baum gebunden und dann begraben worden sei. Drei Tage später aber soll ein Licht im Grabgewölbe erschienen, Attis von den Toten auferstanden sein und durch seine Neugeburt die Erlösung gebracht haben.

Magdalena und die Essener

Ein Ereignis verdient wahrhaftig den Namen »Zeitenwende«: Nicht mehr der Mensch sollte der Gottheit opfern – nun war es Gott selbst, der seinen Sohn für die Menschheit opferte.

Die Einbettung des Kreuzestodes Jesu in uralte Bräuche war immer wieder Anlass für Deutungen und Spekulationen. Dem Neuen Testament zufolge ordnete Jesus selbst sein Wirken und seinen Tod in den Zusammenhang der Erfüllung alttestamentlicher Prophezeiungen ein. So rechtfertigt er sein Reden in Gleichnissen durch die Weissagung des Jesaja (6,9–10). Er weist seine Jünger an, eine Eselin herbeizuschaffen, damit er auf ihrem Rücken in Jerusalem einziehe und die Prophezeiung des Sacharja (9,9) erfüllt werde. Er sagt beim letzten Abendmahl seinen Verrat voraus und bezieht sich dabei auf den Psalm 41,10. Bei Lukas erinnern Engel die Frauen am Grab daran, was Jesus selbst vorhergesagt hatte: »Denkt daran, wie er zu euch geredet hat, als er noch in Galiläa war und aussagte, der Menschensohn müsse in die Hände sündiger Menschen ausgeliefert und ans Kreuz geschlagen werden und am dritten Tag auferstehen« (24,6–7).

Einer der einflussreichsten Mystagogen der Neuzeit, G. I. Gurdjieff (1866–1950), behauptete, dass die Kreuzigung Jesu von ihm und seinem Kreis selbst inszeniert worden sei, als Wirklichkeit gewordenes Mysterienspiel, womöglich im Sinne des altüberlieferten Ritus der »Heiligen Hochzeit«. Diese Version schon damit von der Hand zu weisen, dass bei der Opferung des jungen Gottes auf dem Berg Golgatha eine Frau nur mehr eine Nebenrolle gespielt haben soll, verkennt womöglich das Ausmaß der Zensur an der ursprünglichen Überlieferung. Immerhin, allen verfügbaren Quellen zufolge ist es Maria Magdalena, die unter dem Kreuz ausharrt. In allen Evangelien ist sie dabei, wenn das leere Grab entdeckt wird. Sie ist es, die die Wiederkunft Jesu der übrigen Welt mitteilt. Und vielleicht war es ja eine doppelte Botschaft: Auf der einen Seite kündet sie von einer realen körperlichen Auferstehung, die seit 2000 Jahren als heiliges Wunder gilt, auf der anderen Seite von der Erweckung des wahren Selbst, von einer innerlichen Neugeburt ganz in der Tradition der Mysterien.

Einen interessanten Aspekt in diesem Zusammenhang liefert die Diskussion um das ebenso berühmte wie umstrittene Turiner Leichentuch, dessen Blutflecken keinesfalls von einem Toten stammen. Darauf verweisen gerne die Befürworter der These, dass der erhoffte Messias zwar gekreuzigt wurde, aber nicht am Kreuz gestorben sei. Denn Tote bluten nicht. Könnte in dem Tuch ein noch lebender Jesus gelegen haben, der unmittelbar nach der Kreuzigung weggebracht wurde? Wie aber hätte dies geschehen können?

Bei Johannes begegnen Maria Magdalena am Grabe zwei Engel in weißen Gewändern (20,11–12). Gleich darauf erscheint Jesus selbst und gebietet ihr, ihn nicht anzurühren, weil er noch nicht zum Vater aufgefahren sei. Das Evangelium des Matthäus spricht von einem Engel des Herrn, der vom Himmel herabkam und dessen Gewand weiß wie Schnee war (28,2–3). Markus nennt einen Jüngling, »der mit einem langen, weißen Gewande bekleidet war« (16,5). Bei Lukas sehen die Frauen zwei Männer in strahlenden Gewändern (24,4). Die Brücke der kirchlich gebilligten Überlieferung zu den Verschwörungstheorien um den Kreuzigungstod führt über die berühmte Glaubensgemeinschaft der Essener, der Jesus von Nazareth zwischen seinem zwölften und dreißigsten Lebensjahr angehört haben könnte. Von den Essenern ist bekannt, dass sie als die besten Heiler im ganzen Land galten, deren Methoden sich vielleicht auch Jesus aneignete. Eingedenk der biblischen Überlieferung ist es zumindest denkbar, dass Essener am Grab warteten, um erste Hilfe zu leisten. Wie auch die Ärzte heute noch weiß tragen, so waren auch die Essener vornehmlich in weiße Leinenkleider gehüllt.

Oft sieht man Jesus als Überbringer einer pazifistischen Botschaft, deren Ursprung in den Lehren der Essener liege, einer als Prototyp aller friedliebenden Gemeinschaften gefeierten asketischen Bruderschaft der damaligen Zeit. Bereits die kanonischen Evangelien jedoch enthalten Aussprüche Jesu, die alles andere als pazifistisch klingen: »Ich bin gekommen, ein Feuer auf die Erde zu werfen …« (Lukas 12,49). »Meint ihr, ich sei gekommen, Frieden auf die Erde zu bringen? Nein, sage ich euch, vielmehr Zwiespalt …« (Lukas 12,51). Ist eine Verbindung zwischen Jesus von Nazareth und den sanftmütigen Essenern also etwa eine Fiktion? Nicht unbedingt, denn mit der Entdeckung der Handschriften in Qumran änderte sich unser Bild von den Essenern doch recht tief greifend. Das heißt: Falls Jesus vor seiner Zeit als Prediger bei den Essenern gelebt hat, so muss das nicht in einem von allen gesellschaftlichen Konflikten streng abgesonderten Wüstenkloster gewesen sein. Ebenso wenig lässt sich ausschließen, dass es Essener gab, die verheiratet waren, Kinder hatten und unter gewissen Umständen die Ausübung von Gewalt billigten.

Nach Lincoln/Baigent/Leigh gab es ein weit verbreitetes System von Essener-Häusern, in denen Handel, Gewerbe und Handwerk gemeinschaftlich organisiert wurden und die als Mittelpunkt ihrer gemeinschaftlichen religiösen Praxis dienten. Die Essener, so wissen wir heute, führten ein einfaches Leben, betrieben gut organisierten Ackerbau und Handel, hatten reges Interesse an Heilkunde und Therapien mit Hilfe von Kräutern sowie Steinen. Vor allem praktizierten sie eine Religion, deren Mystik an die Geheimnisse der Maria Magdalena erinnert.

Der jüdische Historiker Josephus Flavius schrieb über sie: »Wenn sie Weihegeschenke in den Tempel schicken, bringen sie kein Opfer dar, weil sie heiligere Reinigungsmittel zu besitzen vorgeben. Aus diesem Grund ist ihnen der Zutritt zum gemeinsamen Heiligtum nicht gestattet, und sie verrichten demgemäß ihren Gottesdienst besonders« (Jüdische Altertümer XVIII 1.5). Weiter findet man bei Josephus Hinweise darauf, dass sie sich mit Astrologie beschäftigten, an die Wiedergeburt glaubten und die Kunst des Vorhersagens beherrschten.

Offensichtlich bildeten sie jenen Teil des Judentums, der sich mit den Geheimlehren des Mittelmeerraumes eingehender beschäftigte und aus dem möglicherweise die Numerologie und die verschiedenen Disziplinen der Kabbala, der jüdischen Geheimlehre, hervorgingen. Darin findet sich auch das ursprünglich androgyne Gottesbild wieder, in dem die Göttin eine wesentliche Rolle spielt. So teilt sich der sephirotische Lebensbaum in eine männliche und eine weibliche Hälfte. Jahwe interpretierten die Kabbalisten als einen androgynen Gott.

Josephus Flavius lobte die Essener »wegen einer bei den Griechen und den anderen Völkern völlig unbekannten, bei ihnen jedoch nicht erst seit kurzer Zeit, sondern schon seit vielen Jahren herrschenden ausgleichenden Gerechtigkeit, infolge der sie vollkommene Gütergemeinschaft haben und dem Reichen nicht mehr Genuss von seinen Gütern lassen wie dem Armen« (Jüdische Altertümer XVIII 1.5).

Bevor man die Schriftrollen von Qumran fand, hatte man die Essener für strenge Asketen gehalten, die in der Wüste lebten. Doch nun entdeckte man eine Vorschrift, die besagt, dass ein 20- Jähriger reif genug sei, um zu heiraten und Kinder zu bekommen. Mit 30 Jahren wurde man für würdig empfunden, in höhere Stufen der Essener-Gemeinde aufzusteigen: vielleicht der Grund dafür, warum Jesus erst in diesem Alter aktiv zu lehren begann.

Berühmt waren die Essener auch wegen ihrer apokalyptischen Visionen. Sie standen in dem Ruf, weit in die Zukunft sehen zu können. Herodes selbst entband sie vom Treueid, den jeder auf ihn schwören musste, weil ein Essener ihm prophezeit hatte, er werde dereinst König der Juden werden (Jüdische Altertümer XV 10.4.5).

Einen als König der Juden apostrophierten, lang ersehnten Messias dürften die Essener unterstützt haben. Mit ihrer Eigenart, prophetische Vorhersagen zu zitieren und – ebenso wie Jesus – ihr Handeln danach auszurichten, bestärkten sie die Messias-Erwartung im ganzen Land. Nach Josephus zählten die Essener an die 4000 Mitglieder, und 4000 gebildete, disziplinierte Menschen stellten in der damaligen Zeit ein gewaltiges Aktionspotenzial dar.

Es ist möglich, dass die Essener trotz ihrer Friedensliebe an der Verteidigung der Festung Masada beteiligt waren. 73 n. Chr. begingen nach einem zweijährigen Widerstandskampf gegen die Römer 960 Menschen auf dieser Zitadelle in der Wüste Massenselbstmord. Einige Frauen und Kinder konnten sich retten. Von ihnen wurde eine Verteidigungsrede mit einem sehr nationalistischen, aber auch religiösen Unterton überliefert, der an die Essener erinnert. Zudem fand man in Masada Schriftrollen mit Texten, die sich der Essener-Gemeinde zuordnen lassen.

Kapitel 7

Die verbotene Göttin und der Menschensohn

Ein theologischer Staatsstreich

Es war um die Mitte des 14. Jahrhunderts vor unserer Zeitrechnung, als dem himmlischen Gottvater mit viel Aplomb auf Erden der Thron bereitet wurde. Mit Hilfe des mächtigsten Herrschers auf Erden suchte er die Macht der alten Götter und Göttinnen über die Herzen der Menschen zu brechen und sich als der Eine Gott zu etablieren. Sein irdischer Verbündeter war der ägyptische Pharao Amenophis IV., der sich selbst Echnaton nannte, »der dem Aton gefällt«. Die Gottheit Aton galt in Ägypten ursprünglich als die Verkörperung der Abendsonne. Unter Pharao Echnaton und seiner Gattin Nofretete wurde Aton zur Personifikation der Sonne als Quelle allen Lebens, zum göttlichen Allvater.

Patriarchalisch geprägte Religionen hatten sich bis zu dieser Zeit nicht in den Hochkulturen des Mittelmeerraumes, eher unter den nördlichen, indoeuropäischen Völkern ausgebildet. Diese Völkerschaften wanderten Zug um Zug in die Länder an der nördlichen Mittelmeerküste ein und drängten die keltischen, etruskischen und minoischen Kulturträger zurück. Aus dieser Völkerwanderung sollten auch die griechischen und römischen Reiche hervorgehen. Zu den Indoeuropäern zählten die Hethiter, die von Norden über den Kaukasus nach Anatolien einwanderten. An ihrer Spitze stand ein Großkönig, der gleichzeitig das Amt des obersten Priesters, Richters und Feldherrn bekleidete und über eine Anzahl nachgeordneter Könige herrschte. Das Reich der Hethiter erstreckte sich um 1400 v. Chr. auch auf die nördliche Hälfte des heutigen Syrien. In ihrem Buch *Als Gott eine Frau war* vermutet Merlin Stone, »dass die Verehrung der Göttin durch die einfallenden Indoeuropäer spätestens seit 2400 v. Chr. beeinträchtigt wurde – in Ägypten möglicherweise, wenn auch weniger intensiv, seit 3000 v. Chr. und in Sumer vielleicht schon in den frühesten Zeiten der sumerischen Kultur, zwischen 4000 und 3000 v. Chr.«. Die Göttinnen im Nahen Osten erhielten langsam, aber sicher Gatten, die später zu den dominierenden Göttern avancierten. Wie diese »Götterwanderung« vor sich ging, zeigt uns der Gott Baal. Ursprünglich war er der Sturmgott Ugarits – eines Stadtstaates in Nordsyrien, welchen die Hethiter gegen Ende des 14. Jahrhunderts eroberten –, bevor er sich in Kanaan zum Geliebten der Aschera und damit zum Synonym von Tammuz wandelte. Mit der wachsenden Bedeutung der Göttergatten wurde die Hohe Zeit in den Tempeln nicht mehr von den Königinnen und ihren Geliebten zelebriert, sondern von Königen und den Hohen Priesterinnen des Tempels.

Nach Ägypten dürften die religiösen Vorstellungen der Indoeuropäer durch hethitische Prinzessinnen, die mit Pharaonen verheiratet wurden, gebracht und damit auch der Glaube der dort lebenden Juden beeinflusst worden sein. Wie die Genesis berichtet, hielt sich der Stammvater Abraham während der in Kanaan herrschenden Hungersnot mit seiner Frau in Ägypten auf. Ebenso verbrachte Moses die Hälfte seines Lebens dort – und er sollte weitaus erfolgreicher darin werden, dem Allvater den Weg zu bereiten, als

Echnaton. Denn mit dessen Tod musste sich das monotheistische Patriarchat des Aton für lange Zeit wieder aus Ägypten verabschieden.

Der Überlieferung zufolge war Moses der angenommene Sohn einer ägyptischen Prinzessin. Seine leiblichen Eltern gehörten der Bibel nach dem Stamm der Leviten an, den Merlin Stone interessanterweise als indoeuropäisch geprägt einstuft. Als mögliche »Ahnherrn« der Leviten – ob geistig oder ethnisch – kommen die Luvier in Frage. Wie die Hethiter waren auch sie aus dem Norden eingewandert. Sie sollen ein Volk mit vielen Schriftgelehrten gewesen sein, das dem Feueropfer huldigte und strenge patriarchalische Gesetze in Sachen Sünde, Schuld und Unreinheit kannte.

Innerhalb der Stämme Israels stellten die Leviten die Priesterschaft, dem Befehl Gottes gemäß: »Der Herr sprach zu Mose: Sondere die Leviten aus der Mitte der Israeliten aus und reinige sie …« (Numeri 8,5–6), »… damit die Leviten mir gehören« (Numeri 8,14). Für sie galten besonders strenge Gesetze; zum Beispiel durfte ein Hohepriester nur eine Jungfrau aus dem eigenen Stamm heiraten. Aber dafür genossen sie auch besondere Privilegien: »Den Leviten gebe ich als Erbteil den ganzen Zehnten, den die Israeliten entrichten, als Entgelt für den Dienst, den die Leviten verrichten, den Dienst am Offenbarungszelt. Die Israeliten dürfen künftig nicht mehr in die Nähe des Offenbarungszeltes kommen; sonst laden sie eine Sünde auf sich und sterben. Nur der Levit soll am Offenbarungszelt Dienst tun; die Leviten tragen die Verantwortung – das soll bei euch von Generation zu Generation als feste Regel gelten« (Numeri 18,21–23). Im Klartext bedeutet das: Nur die Leviten hatten die Befugnis, das Offenbarungszelt zu betreten und die Opfergaben für den Herrn darzubringen. Zudem fiel alles, was die Israeliten ihrem Gott entrichten mussten (oder wollten), in ihre Hände. Sie bekamen Geld, Fleisch, Wein, Nahrung jeglicher Art, darunter »das Beste von allem Öl, das Beste von allem Most und Getreide« (Numeri, 18,12). Im Namen des Herrn waren die Leviten aber nicht nur die religiösen Führer, sondern zudem die obersten Gerichtsherrn. Nur sie durften auf den Silbertrompeten die Gemeinde zusammenrufen, zum Aufbruch oder zu einer Schlacht blasen. So privilegiert, konnten die Leviten auch langfristig auf Religion und Gesetz ganz im Sinne des Vatergottes einwirken – und dafür fanden sie weit geeignetere Bedingungen vor als einstmals Echnaton von Ägypten.

Nachdem sich die Israeliten 430 Jahre in Ägypten aufgehalten hatten (Exodus 12,40), machten sie sich unter der Führung von Moses und seinem Bruder Aaron auf, um das »Land der Verheißung« in Besitz zu nehmen. Der Bibel zufolge zogen sie 40 Jahre lang durch die Wüste, bis sie die Grenze Kanaans erreichten. Diese Abgeschiedenheit in einer unfruchtbaren und bedrohlichen Gegend erleichterte es dem führenden Stamm, die Kinder Israels nach seinen Vorstellungen zu erziehen. Denn der Gott der Väter – wie es in der Bibel heißt – war nicht etwa von Haus aus jener große Gott, der schließlich alle Kollegen im Pantheon der abendländischen Völker überflügeln sollte. In *Das Heilige Land* schildert Michael Grant seine verschiedenen Seiten, die man ursprünglich getrost auch als separate männliche Gottheiten in unterschiedlichen Funktionen auffassen kann: als Schutzherrn der Familienoberhäupter und Sippen, als eine Art Hirten- und Clangott mit den verschiedensten Namen wie »Gott Abrahams«, »Hirte Israels«, als Naturgottheit mit entsprechenden Attributen wie »Mächtiger« oder »Schrecklich Waltender«. Nach Johannes Lehmann, dem Autor von

Moses, der Mann aus Ägypten, wurde dann in einer Art »theologischem Staatsstreich« aus diesen recht zahlreichen Aspekten göttlicher Macht ein »Einiger, Einziger Gott« – der berühmte »JHWH«, jener Jahwe, der zu Moses sagte: »Dies ist mein Name auf ewig, mit dem man mich rufen soll von Geschlecht zu Geschlecht« (Exodus 3,15). Und mit dem Glauben an den Gott mit diesem Namen war auch das Volk des Bundes geboren.

Die Voraussetzungen für die spirituelle Wende im Lande Kanaan waren optimal: Als einzig legitime Repräsentanten des Jahwe vermochten die Leviten den neuen Gott nach dem von ihnen erwünschten Bilde zu erschaffen. Geschaffen werden mussten auch irdische Gesetze, die dem Ergebnis des Geschlechterkampfes im Himmel entsprachen.

Regel Nummer eins: Mit der sexuellen Autonomie der Frau droht eine ungeklärte Vaterschaft. Also musste die Göttin, die ihren Verehrerinnen sexuelle Freizügigkeit einräumte und der Identität des Vaters wenig Bedeutung beimaß, als Stellvertreterin des Weiblichen ausgeschaltet werden. Die Frau wurde zur Männin, nahm fortan eine untergeordnete Position ein und sah sich mit strengen Gesetzen konfrontiert: Unter anderem konnte ein hebräisches Mädchen gesteinigt werden, wenn es seine Jungfräulichkeit auch nur durch einen Unfall vor der Ehe verlor. Eine vergewaltigte Frau galt als Eigentum des Vergewaltigers. War die Frau verheiratet, wurde sie gemeinsam mit dem Vergewaltiger gesteinigt. Die Töchter der Priesterschaft traf es besonders hart: »Wenn sich die Tochter eines Priesters als Dirne entweiht, so entweiht sie ihren Vater; sie soll im Feuer verbrannt werden« (Levitikus 21,9). Und damit die Macht des Herrn unangetastet blieb, wurden die Völker des zu erobernden Landes der Vernichtung preisgegeben. »Du sollst keinen Vertrag mit ihnen schließen, sie nicht verschonen und dich nicht mit ihnen verschwägern.« Zu groß war die Gefahr, dass die Kinder Israels vom Herrn abfielen, und die Drohung unmissverständlich: Wenn sie »anderen Göttern dienen, wird der Zorn des Herrn gegen euch entbrennen und wird dich unverzüglich vernichten« (Deuteronomium 7,2–4).

Regel Nummer zwei: Verfügt die Frau über eigenen Besitz, ist ihre Abhängigkeit von ihrem Ehemann nicht mehr gewährleistet. Indessen lag die Angst wohl weniger darin, die Frau zu verlieren. Schließlich konnte der Mann sich jederzeit eine neue suchen. Er durfte ohnehin seine Gemahlin entlassen, sobald sie ihm nicht mehr gefiel. Es ging vielmehr um die Kinder, vor allem um die Söhne als Stammhalter. Daher fiel auch nur ihnen Erbbesitz zu – außer der Vater hatte ausschließlich weibliche Nachkommen aufzuweisen. Dann mussten sich die Töchter verpflichten, »einen Mann aus einer Sippe ihres väterlichen Stammes« zu heiraten (Numeri 36,8).

Regel Nummer drei: Finden Regel Nummer eins und zwei entsprechende Beachtung, tritt automatisch Regel Nummer drei in Kraft: kein Mitspracherecht, keine Selbstbestimmung, die Frau im wahrsten Sinne des Wortes als Leibeigene, die ihren Körper für den Samen eines Mannes zur Verfügung stellt.

Mit ihren strengen und einseitigen Gesetzen und Vorschriften, mit ihren Kriegszügen gegen andere Völker und ihre Götter schufen die theologischen Vordenker Israels das Bild eines blutrünstigen, strafenden, eifernden und nicht zuletzt frauenfeindlichen Gottes. Einen Gott, den man weniger lieben durfte, als dass man ihn fürchten musste – entgegen dem wichtigsten Gebot: »Du sollst deinen Gott lieben und deinen Nächsten wie dich selbst!« Dieses spirituelle Dilemma war wohl einer der Gründe dafür, dass die Kinder Israels sich immer wieder den Göttern und Gebräuchen fremder Kulturen zuwendeten.

Beispiele für die Treulosigkeit des auserwählten Volkes gegenüber ihrem Einen Gott ziehen sich durch das gesamte Alte Testament. Es begann auf der Wanderung durch die Wüste mit dem berühmten Tanz um das Goldene Kalb. Immer wieder liest man die Forderung der Priester: »Schafft die fremden Götter mitsamt den Astarten aus eurer Mitte fort! Wendet euer Herz wieder dem Herrn zu …« (1 Samuel 7,3).

Diese Astarte der Phönizier war im alten Babylon die Göttin Ischtar, in Syrien Astar, in Ägypten Nut, Isis und Hathor. Die Verfasser der Bibel nennen sie »die heidnische Gottheit«. Wie sehr das Haus Israel an ihr hing, verrät Jeremias: »Was die Forderung betrifft, die du im Namen des Herrn an uns gerichtet hast, so wisse, dass wir auf dich nicht hören! Wir wollen vielmehr das Gelübde, das wir geleistet haben, nämlich der Himmelskönigin zu räuchern (oder Opfer zu verbrennen) und ihr Trankopfer zu spenden, getreulich ausführen, ganz so wie wir und unsere Väter, unsere Könige und Fürsten (oder: Oberen) es in den Ortschaften Judas und auf den Straßen Jerusalems getan haben! Damals hatten wir Brot in Hülle und Fülle, befanden uns wohl und wussten nicht von Unglück« (44,16–17).

Das Wehe folgt prompt. Hosea droht dem abtrünnigen Israel: »Vielmehr will ich nunmehr ihre Blöße vor den Augen ihrer Buhler aufdecken – niemand soll sie meiner Hand (Strafgewalt) entreißen! –, und ich will all ihrer Lust ein Ende machen, ihren Festen und Neumonden, ihren Sabbaten und all ihren Feiertagen …« (2,12–13). Die Liste der Stellen, die von Blöße, Lust und Buhlen sprechen, ist im Buch der Bücher sehr lang. Dirnenhäuser, Kultdirnen und Unzucht werden immer wieder in Verbindung mit dem Abfall vom Glauben an Gott, den Herrn gebrandmarkt.

Weder strenge Gesetze noch die angedrohte Strafgewalt vermochten jedoch, die Kinder Israels endgültig zu bändigen. Gerade die Herrscherhäuser fielen den religiösen Führern immer wieder in den Rücken. Schon der Stammherr des großen königlichen Geschlechts Israels, König David, suchte die Macht der levitischen Priesterkaste zu brechen, indem er die Nachkommen Levis trennte und über das ganze Land zerstreute. Er bekräftigte zwar den Bund mit Jahwe, doch seine Regentschaft erinnerte nicht wenig an die Manier der alten Priesterkönige. Und er unterhielt, wie auch später sein Sohn Salomo, einen großen Harem. Die Bibel berichtet, dass König Salomo »neben der Tochter des Pharao noch viele andere ausländische Frauen liebte« (1 Könige 11,1), angeblich 700 fürstliche Frauen und 300 Nebenfrauen nach 1 Könige 11,3, dem Hohelied Salomos (6,8) zufolge 60 Königinnen, 80 Nebenfrauen »und Mädchen ohne Zahl«. Durch sie verfiel auch er der Verehrung »fremder« (d.h. ursprünglich kanaanitischer) Götter, ließ Kulthöhen und Statuen der Göttin Astarte aufstellen. »Wie schön ist deine Liebe, meine Schwester Braut; wie viel süßer ist deine Liebe als Wein, der Duft deiner Salben köstlicher als alle Balsamdüfte. Von deinen Lippen, Braut, tropft Honig; Milch und Honig ist unter deiner Zunge ... Ein Lustgarten sprosst aus dir, Granatbäume mit köstlichen Früchten ... Die Quelle des Gartens bist du, ein Brunnen lebendigen Wassers ...«, heißt es in seinem selbst verfassten Hohelied (4,10–15), das so sehr an die Hohe Zeit in den alten Tempeln, an die Hochzeit mit der Göttin erinnert. Dreimal beschwört er darin die Töchter Jerusalems: »Stört die Liebe nicht auf, weckt sie nicht, bis es ihr selbst gefällt« (2,7; 3,5; 8,4).

Vorübergehend die Oberhand gewannen die weiblichen Gottheiten immer wieder, wenn Königinnen an die Regierung kamen. Eine davon hieß Maakah, der später die Königinnenwürde entzogen wurde, weil sie der Aschera, also Astarte, ein »Schandmal« hatte errichten lassen (1 Könige 15,13). Ein grausameres Schicksal ereilte Isebel, die Tochter des Königs von Sidon. In der Bibel (2 Könige 9,7.22) wird »die Verfluchte« bezichtigt, das Blut der Propheten und Diener des Herrn vergossen, Unzucht und Zauberei betrieben und ihren Mann getötet zu haben. Merlin Stone und andere Forscher hingegen vermuten, dass ihr einziges Verbrechen darin bestand, Jahwe nicht anzuerkennen. Als Anhängerin der Göttin ließ sie eine Kultsäule im Tempel errichten. Daran nahm weniger ihr hebräischer Gatte Anstoß, der es auf ihre Besitztümer abgesehen haben soll, als vielmehr die Streiter des Herrn. Isebel wurde mit all ihren Gefolgsleuten ermordet, ihr Leichnam den Hunden zum Fraß vorgeworfen. Abschließend verkündete der Vollstrecker namens Jehu, dass der Baalsdienst in Israel ausgerottet sei, »wie der Herr es dem Elia zuvor angekündigt hatte« (2 Könige 10,10–11).

Die Priester Jahwes erkannten sehr wohl, dass Religionen, die Frauen Freiheit und Eigentum gewährten, eine Bedrohung für ihre männlichen Vorstellungen vom Himmel und von der Gesellschaft darstellten. Ihr Kampf war lang und schwer. Aber er machte den Weg frei für den großen Schritt von den Töchtern und Söhnen einer Mutter hin zum »Menschensohn«, dessen leibliche Mutter ihrer Geschlechtlichkeit beraubt und der als Selbstbezeichnung Jesu im Neuen Testament zum neuen Codewort einer von Männern gemachten und beherrschten Religion wurde. Dabei war die Bedeutung des Begriffs lange Zeit unklar, ja rätselhaft. Im Buch Daniel des Alten Testaments (7,13 f.) offenbart sich der Menschensohn in einer Vision als Himmelswesen, dem Gott die Herrschaft übergibt und der auf den Wolken des Himmels den Menschen als Messias erscheint. Im Alten Testament wird diese Vorstellung nicht weiter ausgearbeitet, dafür umso mehr in den kirchlichen Evangelien. Da die Menschensohnworte des Neuen Testaments im Urevangelium »Q« aber vollständig fehlen – ebenso wie die Passionsüberlieferung –, liegt die Vermutung nahe, dass sie eine recht späte Bildung sind.

Eines lässt sich mit Gewissheit sagen: Den Kampf der Leviten gegen die schon längst verbotene Göttin führten die Kirchenväter mindestens ebenso erfolgreich fort. Indem sie den Menschensohn in der Dreieinigkeit mit dem Vater zu Gott selbst erklärten, besiegelten sie die männliche Herrschaft im Himmel und auf Erden.

Rebellin gegen die Gesetze Jahwes

Was religiösen und politischen Fanatismus, ja Terrorismus betrifft, hätte der Messias auch im heutigen Palästina geboren werden können. Damals stritten und kämpften dort Juden gegen Römer, Widerständler gegen Kollaborateure, Sadduzäer gegen Pharisäer, alte Traditionen gegen neue – und immer noch Gott gegen Göttin. Der Siegeszug des Herrn im Himmel sollte erst 380 n. Chr. auch auf Erden unwiderruflich werden, als Kaiser Theodosius den Tempel der Göttin Artemis in Anatolien und die Heiligtümer der weiblichen Gottheiten in Rom und in Eleusis schloss. Im Heiligen Land selbst war unter Konstantin im Jahre 300 n. Chr. die Verehrung der Göttin Aschtoreth verboten worden.

Zur Zeit Jesu jedoch war der Widerstandsgeist gegen die erzwungene Abdankung der großen Göttin noch quicklebendig. Das patriarchale Gottestum herrschte außerhalb der Priesterschaft nur in den strenggläubigen, ärmeren Schichten vor, nicht aber unter der römisch-hellenistisch geprägten jüdischen Oberschicht. Der Glaube an die Göttin hielt sich vor allem in den Königshäusern besonders hartnäckig. Der *Legenda aurea* zufolge stammte Maria Magdalena selbst aus königlichem Geschlecht. Sie besaß demnach zusammen mit ihrem Bruder Lazarus und ihrer Schwester Marta die Burg Magdala. Später teilten sich die Geschwister den Besitz ihres Vaters Syrus und ihrer Mutter Eucharia. Marta bekam das Dorf Bethanien, Lazarus einen Teil von Jerusalem und Maria die Burg Magdala. Nach streng jüdischem Erbrecht aber hätte alles Eigentum dem Lazarus zufallen müssen!

Dass die Frau aus Magdala sich der zunehmenden Diskriminierung der Frau erfolgreich zu entziehen verstand, lässt auch ihre persönliche Lebensweise erkennen: Sie zog mit Jesus, anderen Frauen und seinen Jüngern durch das Land und leistete der messianischen Gemeinschaft finanzielle Unterstützung. Die apokryphen Schriften schildern Magdalena als gebildete und selbstständige Frau. Die *Legenda aurea* erzählt von einem emanzipierten Leben, das die Gefährtin Jesu nicht zuletzt auf Grund ihres Reichtums und ihrer Herkunft führen konnte. Mirjam erfreute sich wichtiger Privilegien, die der einfachen Jüdin verwehrt blieben. Das alles passt nicht recht zum Lebenswandel einer gewöhnlichen Prostituierten, ebenso wenig zu dem einer zu Geld gekommenen Hetäre, da Magdalenas Wohlstand offensichtlich ererbt war.

Dass auch Jesus kein Freund der theologischen Bürokraten im Tempel war, ist überliefert: »Wehe euch, Schriftgelehrte und Pharisäer, ihr Heuchler! Denn ihr verschließt das

Himmelreich vor den Menschen« (Matthäus 23,13). Mehrfach wandte er sich auch gegen das frömmelnde Volk, dessen Bigotterie von den Priestern aus eigensüchtigen Motiven noch gefördert wurde: »Almosen sollten nicht von den Heuchlern in den Synagogen öffentlich gespendet werden« (Matthäus 6,2) – »Wenn ihr betet, macht es nicht wie die Heuchler. Sie stellen sich beim Gebet gern in die Synagogen und an die Straßenecken, damit sie von den Leuten gesehen werden« (Matthäus 6,5). Was äußerliche religiöse Pflichterfüllung betraf, war er selbst alles andere als ein gesetzestreuer Jude. So empörten sich die Pharisäer über seinen Umgang mit Sündern und Unreinen wie dem Zöllner Matthäus oder über seine Heiltätigkeit am Sabbat. Auf die Frage seiner Schüler, ob sie fasten sollten, gibt er im Thomas-Evangelium eine bemerkenswerte Antwort: »Lüge nicht und tue nicht, was ihr selbst verabscheut ...« (6). Und er scheute – zumindest der apokryphen Überlieferung nach – nicht die Zurückweisung eines weiteren heiligen Brauchs: »Wäre die Beschneidung nützlich, dann hätte euch euer Vater schon beschnitten im Mutterleib gezeugt« (Thomas der Zwilling 53).

Im Widerstand gegen das theologische Establishment befand sich der Nazarener allemal. Ob und inwieweit er sich dabei auch politisch engagierte, lässt sich nicht mehr eindeutig rekonstruieren. Doch Religion stand seit je im Dienste der Politik und erfuhr damit auch eine entsprechende Prägung. Insofern sind der Religionsstifter und der Widerständler Jesus nicht unvereinbar miteinander. Klar ist, dass er ein neues Denken, ein menschlicheres Handeln und ein liebevolleres Miteinander wollte. Religiöses und soziales Anliegen durchdringen und ergänzen sich gegenseitig: Anliegen, die eine emanzipierte Frau wie Maria Magdalena geteilt haben dürfte.

Dass ein Teil der Frauen sich nicht mit Herd, Haus und Kind begnügte, beweist auch der Kampf um Masada im Jahre 73 n. Chr. Männer und Frauen leisteten dort zwei Jahre lang Seite an Seite Widerstand gegen die Römer. Vor diesem Hintergrund erscheint eine Episode der Apostelgeschichte, die oft Rätsel aufgegeben hat, in eigenartigem Licht. Dort wird Paulus bei seiner Gefangennahme von einem römischen Oberst gefragt: »Du kannst Griechisch? Du bist also nicht der Ägypter, der vor einiger Zeit den Aufruhr erregte und die viertausend Banditen in die Wüste geführt hat?« (21,37–38)

Erinnern wir uns: Die Essener bildeten eine verschworene Gemeinschaft von etwa 4000 Anhängern. Falls sie sich nach einem vorgetäuschten Tod Jesu mit ihm auf die Flucht in die Wüste gemacht hätten, könnte mit den 4000 Banditen diese Widerstandsgruppe um den Messias gemeint sein. Weiter: Simon bar Kochba, unter dem die Juden zwischen 132 und 135 den Römern die härtesten Kämpfe lieferten, erwähnt in einem Brief an Jeschua ben Gilgoa die »Galiläer« als ihre tapfersten Krieger. Um diese Galiläer, die auch in der Apostelgeschichte Erwähnung finden, rankt sich die Vermutung, dass sie Christen gewesen seien. Die oft diskutierte Frage, ob sich Christen am Aufstand gegen die Römer beteiligten, erweitert sich also dahingehend, ob diese Galiläer die Nachfolger eines nach Ägypten geflohenen Jesus waren. Erwähnt werden muss auch, dass nach der Tradition der apokryphen Evangelien Maria Magdalena als Lehrerin in Ägypten wirkte.

Bewiesen ist nichts, doch sicher wären Berichte über Begebenheiten dieser Art mit aller Härte von der kirchlichen Zensur unterdrückt worden. Ein Religionsgründer, der zu frommem Gehorsam aufruft, ist der Staatshoheit weit dienlicher als ein Messias, der sich gegen Missstände und Ungerechtigkeit auflehnt. Ebenso ist ein Erlöser, der auf Selbstverwirklichung und Selbstverantwortung drängt, für eine institutionalisierte Priesterschaft, welche die Sünder zu immerwährender Buße antreibt, sogar gefährlich. Und eine Frau schließlich, die die Geheimnisse des Lebens lüftet und als Apostelin der Apostel gerühmt wird, ist einer Kirche, in der die Frau zu schweigen hat, definitiv zu viel des Guten!

»Schafferin auf dem Wege«

So machten die Kirchenväter aus der Braut des Herrn die Sünderin und aus dem Weg zur Erlösung einen Büßerweg für die Menschheit. Der freie Geist fand sich im Gefängnis der Schuld wieder, und die Frohbotschaft der Liebe verkümmerte zur vermeintlichen Erkenntnis von Gut und Böse. Unterschlagen wurde auch die Information, dass Jesus als wichtigsten Überlieferungsträger eine Frau erwählt hatte, eine Frau zumal, die offen und selbstbewusst außerhalb der ihr von der Traditionen zugewiesenen Rolle ihren eigenen Weg ging.

Selbst das Neue Testament bezeugt unwiderleglich das erstaunlich aufgeklärte Frauenbild des Religionsstifters. Nicht nur, dass er gegen das Vorrecht des Mannes eintrat, eine Ehe ohne besonderen Grund einseitig zu beenden, sondern er begründete dies auch mit den berühmt gewordenen Worten: »Am Anfang der Schöpfung aber hat Gott sie als Mann und Frau geschaffen. Darum wird der Mann Vater und Mutter verlassen, und die zwei werden ein Fleisch sein. Sie sind also nicht mehr zwei, sondern eins. Was aber Gott verbunden hat, das darf der Mensch nicht trennen« (Markus 10,5–9). Mit dem ebenso berühmten Satz: »Wer von euch ohne Sünde ist, werfe als Erster einen Stein« (Johannes 8,7) fegt er die Diskriminierung der Frau in der Gesetzgebung vom Tisch. Denn dieser Satz entstammt jener Episode, die davon berichtet, wie er die Ehebrecherin vor der – dafür nur für Frauen geltenden – Bestrafung durch Steinigung rettet. Und den Männern schreibt er bei dieser Gelegenheit die Höherwertigkeit der inneren gegenüber der äußeren Reinheit ins Stammbuch: »Wer eine Frau auch nur lüstern ansieht, hat in seinem Herzen schon Ehebruch mit ihr begangen« (Matthäus 5,28). Darüber hinaus wandte er sich gegen die Auffassung, dass Frauen während ihrer Menstruation unrein und zu meiden seien. Bei Markus (5,25–34) heilt er eine Frau, die »schon zwölf Jahre an Blutungen litt«. Wertschätzung, Güte und Barmherzigkeit gegenüber dem weiblichen Geschlecht ist somit ein wesentliches Merkmal von Jesu Lehre, auch in den kanonischen Evangelien, und durchaus nicht nur im Sinne einer Huldigung der Frau in der Rolle als »Magd des Herrn«.

Umso mehr weiß die außerkanonische Überlieferung von seiner besonderen Hochachtung und Fürsorge für jene Frau zu berichten, welche die Kirche insbesondere in den Ruch der Sünde stellte: »Er entschuldigte sie allezeit mit großer Liebe: wider den Pharisäer, der sie unrein hatte genannt; wider ihre Schwester, die sie tadelte ob ihres Müßigganges; wider Judas, der sie eine Verschwenderin hieß« heißt es in der *Legenda aurea* über sein öffentliches Eintreten für Maria Magdalena.

Das bekam auch Judas, Kassier der Zwölf, zu spüren. Sein Vorwurf, weil sie Jesus vor der Kreuzigung mit Nardenöl im Wert von mindestens 300 Silberstücken salbte, sei sie eine Verschwenderin, ist im Johannes-Evangelium nachzulesen (12,5). Und Mirjam ging nicht nur mit ihrem Geld großzügig um, sondern auch mit ihrer Zeit. Des Müßiggangs wird sie durch Marta von Bethanien bezichtigt, die Jesus fragt: »›Herr, machst du dir nichts daraus, dass meine Schwester die Bedienung mir allein überlassen hat? Sage ihr doch, sie möge mir zur Hand gehen!‹ Der Herr aber gab ihr zur Antwort: ›Marta, Marta! Du machst dir (Sorge und) Unruhe um vielerlei; aber nur eines ist nötig. Denn Maria hat das gute Teil gewählt: Das soll ihr nicht genommen werden‹« (Lukas 10,40–42). Das »gute Teil« war in seinen Augen bezeichnenderweise nicht die Rolle der Dienerin, sondern die der Zuhörerin – der spirituell Suchenden, welcher der Hunger nach Erkenntnis nicht genommen werden soll, nur weil sie eine Frau ist.

Die Anschuldigung der Unreinheit mit dem Unterton sexueller Verfehlungen schließlich wird im Lukas-Evangelium erhoben, wo sie als unbekannte Sünderin Jesus während des Mahls mit dem Pharisäer aufsucht (7,36–50). Nirgendwo aber steht explizit geschrieben, welcher konkreten Vergehen sie sich schuldig gemacht haben soll.

Ihr Gefährte und Lehrer musste sich also wiederholt gegen seine männlich dominierte Entourage durchsetzen, indem er diese Frau die von ihm zugedachte Rolle einnehmen ließ. Dass er es dennoch tat, ist zumindest für die unzensierte Überlieferung stets unumstritten gewesen: »... er nahm sie zu seiner sonderlichen Freundin und machte sie zu seiner Wirtin und zu seiner Schafferin auf dem Wege«, heißt es in der *Legenda aurea* unmittelbar vor der oben zitierten Textstelle.

»Freundin« und »Wirtin«: Diese Bezeichnungen machen klar, dass nach dieser Quelle Jesus eine innige Beziehung zu

Magdalena unterhielt und dass er sich von ihr auch materiell unterhalten ließ. »Schafferin auf dem Wege« aber bedeutet nichts anderes, als dass sie darüber hinaus auch noch seine – im heutigen Sprachgebrauch – Managerin gewesen sein soll, die in seinem ausdrücklichen Auftrag seine Karriere förderte. Nichts weniger als ein Schlag ins Gesicht männlicher Wichtigtuer wie Petrus und Judas, die mit legalistischen und finanziellen Argumenten die Macht dieser Apostelin der Apostel auszuhebeln trachteten!

Der von ihnen als Menschensohn designierte Jesus von Nazareth machte die Rebellin gegen die Gesetze des Herrn dennoch zu seiner »Schafferin auf dem Wege«. »Wahrlich, ich sage euch, ich werde sie führen, um sie männlich zu machen, damit auch sie ein lebendiger Geist wird, vergleichbar den Männern. Denn jede Frau, die sich männlich machen wird, wird eingehen in das Himmelreich« (Thomas der Zwilling 114), schleudert er dem Petrus entgegen, als dieser fordert, dass Maria Magdalena verschwinden sollte, weil Frauen des wahren Lebens nicht würdig seien. Auch dies ein typisch gnostischer Akzent, Markenzeichen einer Spiritualität, welche den vollkommenen Menschen erstrebt, der auch seine Geschlechtlichkeit transzendiert und sich als ganzer Mensch begreift, um sein männliches als auch weibliches Potenzial zu entfalten und sich schließlich zum reinen Geist zu erheben. Eben diese Verbindung im Inneren des Menschen personifizieren Mirjam und Jeschua. Und deshalb auch war Jesus nicht bereit, diese Frau als spirituelle Lehrerin auszuschließen. Dies hätte für ihn bedeutet, einen Teil seiner selbst zu verleugnen und damit das Ziel der Ganzwerdung zu verfehlen.

Die Gnostiker sahen in Maria Magdalena die Sophia, die Weisheit. Sie führte zur Erkenntnis der Wahrheit – und somit zu Gott selbst. Durch die Wahrheit findet das Bewusstsein den Weg aus der irdischen Gefangenschaft, eingebettet in die Harmonie des Logos. Denn nur ein freier Geist öffnet sich der Liebe, ist ganz und somit heil: der Heilige Geist.

Kapitel 8

Das Geheimnis des Grals

Gab es ein Leben nach der Kreuzigung?

Schon die altjüdische Überlieferung der Lebensgeschichte Maria Magdalenas erinnert an ein Puzzle, bei dem zu einem vollständigen, klar erkennbaren Bild immer einige entscheidende Teile zu fehlen scheinen. Noch mysteriöser erscheint eine Sicht der Dinge, die in Frankreich zu Beginn des 20. Jahrhunderts ihren Ausgang nahm – oder, wie auch behauptet wird, aus dem Untergrund der abendländischen Religionsgeschichte gehievt wurde, wo sie fast zwei Jahrtausende lang ein verborgenes, aber wirkungsmächtiges Dasein geführt haben soll. Sie übte nachhaltige Faszination auf weiteste Kreise aus, wie zahllose Sachbücher, Zeitungsartikel, Fernsehsendungen und Romanbestseller beweisen. Alles dreht sich hier – direkt oder indirekt – um Maria Magdalena. War sie die Frau von Jesus? Hatten beide eine gemeinsame Nachkommenschaft? Gibt es eine »Blutslinie Jesu«, die auf geheimnisvolle Weise sogar die politische Geschichte Europas mit prägte?

Den Ausgangspunkt aller Spekulationen bildete die Hochzeit von Kana im Johannes-Evangelium (2), bei der Jesus Wasser in Wein verwandelte und seine Mutter sich um das Wohl der Gäste sorgte. In dem Wunder von Kana sah man einen Hinweis auf die Vermählung Jeschuas und Mirjams, die nicht ohne Folgen blieb.

Der mittelalterlichen Legende nach brachte MM später den Gral nach Marseille. Doch statt einer Schale mit Blut aus der Seitenwunde Jesu vermutete man dahinter mehr, nämlich die Nachkommenschaft Jesu – ein geheimnisvolles Geschlecht, dessen Ur-ur-ur-ur-Enkel sich mit den sagenumwobenen Merowingern verband. Die moderne Geschichte über die Nachfolger des »Königs der Juden« erzählt von Tempelrittern und Kreuzzügen, politischen Ränken und Intrigen sowie von einer Bruderschaft, die heute noch hinter den Kulissen agieren und die Geschicke der Menschheit lenken soll.

Alle ihre Fäden kreuzen und verknoten sich in Rennes-le-Château, einem an sich unscheinbaren südfranzösischen Gebirgsdorf. Es war bis Anfang des 20. Jahrhunderts fast abgeschnitten von der Außenwelt, dorthin führte stets nur ein einziger Weg, fast so kurvenreich wie der Weg zu den ungeheuren Geheimnissen, die diesem Ort in stetig steigender Zahl nun nachgesagt werden sollten. Eins kam zum anderen, und womöglich begann alles damit, dass irgendwann jemand es für bedeutsam hielt, dass der Ort nur unweit von Montségur liegt, der historischen Festung der Katharer, die in allen Spekulationen um den Heiligen Gral, das gnostische Christentum und verwandte Themen stets eine Rolle gespielt hatten.

Keine rein geografische Koinzidenz war die Nähe zu Montségur jedenfalls für Bérenger Saunière (1852–1917), der jahrzehntelang – mit einigen erzwungenen Unterbrechungen – Pfarrer von Rennes-le-Château war. Mit erheblichem finanziellen Aufwand schuf Saunière in dem kleinen Ort Sakralbauten von wahrhaft ungewöhnlicher Art. Seine Kirche zieht heute noch viele Gralssucher an. Um ihr Portal zu öffnen, muss eigens eine Frau vom Ende des Dorfes geholt werden. Innen gilt es den Kreuzweg zu bewundern, weniger seiner besonderen Schönheit als vielmehr zweier Kuriositäten wegen: Eine Station zeigt ein Kind, das in eine Decke gehüllt ist, wie kurz vor einer überhasteten Abreise. Die darauf folgende Station zeigt eine vom Vollmond beleuchtete Grablegung, und dabei ist die Heimlichtuerei der beteiligten Personen mit Händen zu greifen. Im Grunde besitzt jede Station ein besonderes Merkmal, das in eklatantem Widerspruch zu den entsprechenden Bibelstellen steht. Pfarrer Bérenger Saunière, der diesen Kreuzweg in Auftrag gab und wohl auch gedanklich ausgestaltete, suchte damit ganz offenbar etwas Merkwürdiges, Kontroverses mitzuteilen.

Weitere Spuren hinterließ Saunière im Dorf selbst. Er baute sich einen beeindruckenden Studienturm, den er »Tour Magdala« nannte. Ebenso erinnerte er mit seinem Landhaus, der Villa Bethania, an die Begleiterin Jesu, an Maria Magdalena. Darüber hinaus ließ er für seine Pfarrkinder eine moderne Wasserleitung, einen Tiergarten und eine Orangerie anlegen.

Ob er dafür bis zu seinem plötzlichen, ebenfalls etwas mysteriösen Tod tatsächlich mehrere Millionen Francs ausgab, sei dahingestellt. Von seinem bescheidenen Deputat als Dorfpfarrer war dies jedenfalls nicht zu leisten gewesen. Viel ist deshalb darüber gerätselt worden, auf welche Weise Saunière zu den Mitteln kam, um sich diese sündteuren esoterischen Manierismen zu leisten. Hält man sich an die Fakten, so ist festzuhalten: Saunière inserierte wie ein Besessener in zahlreichen kirchennahen Organen, dass er gegen Honorar Messen lese. Aus seinen eigenen Aufzeichnungen geht hervor, dass er zwischen 1896 und 1915 Zahlungen für zigtausende Messen erhielt – so viele, dass er sie in Wirklichkeit gar nicht hatte lesen können. So etwas mag aus heutiger Sicht bizarr erscheinen, doch war es in damaliger Zeit nicht eben selten, weil es beiden Seiten Vorteile brachte: Der Auftraggeber hatte etwas für sein Seelenheil getan und der Auftragnehmer etwas für seinen Geldbeutel, und beide hatten sich den Aufwand des Abhaltens der Messe gespart. Durch diese Einnahmen wurde er zu einem wohlhabenden Mann, allerdings hatte er nie ein sagenhaftes Vermögen.

Dies hinderte seine Erben im Geiste nicht daran, emsig und versiert das legendarische Garn um Rennes-le-Château weiterzuspinnen, jenen Ort, der in Frankreich immer mehr zum Kultort der Gralssucher wurde. Noël Corbu (1912–1968) besaß seit 1953 das frühere Grundstück Saunières und als ehemaliger Krimi-Autor dazu auch die besondere Kreativität. Er war der Erste, der vom sagenhaften Reichtum des Priesters berichtete und schmückte diese Behauptung mit der Geschichte aus, dieser stamme aus einem geheimen Schatz, den dieser gefunden habe. In den Sechzigerjahren dann tat sich Corbu mit Pierre Plantard zusammen, der die Saunièrelegende um weitere bedeutsame Elemente ergänzte. Er war es, der die Beziehung zur *Prieuré de Sion* herstellte, einem ebenfalls legendären esoterischen und aristokratischen Geheimbund. Damit vereinnahmte er das historische Kloster *Prieuré de Sion* in Orléans, dessen Mönche die Maria Magdalena als »Unsere Frau von Zion« verehrt hatten, für die von ihm ins Leben gerufene Vereinigung *Prieuré de Sion.*

Plantard wurde bereits 1953 wegen Betrugs und Unterschlagung verurteilt, er verfolgte seinen Plan, eine umfassende »alternative Geschichtsschreibung« der Geschichte Frankreichs und des Christentums, mit solcher Hartnäckigkeit, dass er weiter Dokumente fälschte und begann, sie offiziellen beziehungsweise einflussreichen Einrichtungen, wie etwa Museen, unterzuschieben, wobei er sogar begleitende Echtheitszertifikate fälschte. Dies alles diente dem Zweck, die Existenz der von ihm postulierten Geheimgesellschaft *Prieuré de Sion* zu beweisen, die seit Jahrhunderten im politischen Untergrund agiert habe, um die Nachkommenschaft des fränkischen Geschlechts der Merowinger, das von den Karolingern abgesetzt worden war, zu verbergen. Zu diesen Nachkommen zählte nach Plantard auch Otto von Habsburg. Um sein eigenes blaues Blut zu fingieren, legte Plantard sich den Namensbestandteil »de Saint-Clair« zu und ließ sich von seinen Anhängern mit »Eure Majestät« anreden.

Von der mysteriösen Nachkommenschaft der Merowinger zum Legendengespinst um Rennes-le-Château, das schon zahlreiche Schatzsucher begeistert hatte, war es nun nicht mehr weit. Bald glaubte alle Welt, es liege dort nichts weniger als der Schatz des Templerordens oder derjenige des Königs Salomo vergraben. Bauernschlaue Einheimische, die ein gutes Geschäft mit Touristen witterten, leisteten der Gerüchteküche noch Vorschub.

Als Höhepunkt der Posse proklamierte sich Plantard, als angeblich merowingischer Nachfahre von König Dagobert II., als König von Frankreich und untermauerte seinen Anspruch mit der Behauptung, die *Prieuré de Sion* sei ein geheimer innerer Kreis der Templer, der den Vernichtungsfeldzug gegen sie überstanden und seither die Geschicke Frankreichs und Europas aus der Verborgenheit heraus gelenkt habe, um die »rechtmäßige« merowingische Königsherrschaft schließlich wieder zu errichten.

Die ganze wilde Geschichte wäre wohl irgendwann völlig in Vergessenheit geraten, ebenso wie Plantard selbst, der später unter Eid aussagte, alles erfunden zu haben. Doch zwischenzeitlich waren die BBC-Reporter Michael Baigent, Richard Leigh und Henry Lincoln auf den Plan getreten. Sie nahmen Plantard und seine Dokumente ernst und stellten seine Verschwörungstheorie in dem 1982 erschienenen Buch *Der heilige Gral und seine Erben* als mögliche historische Tatsache dar. Das Autorenteam fügte jedoch auch eine wichtige Komponente hinzu: ein »jahrtausendealtes Geheimnis« um die Nachkommenschaft Jesu, das die Kirche erschüttern würde, sollte es jemals ans Licht kommen, nämlich die Ehe zwischen Jesus von Nazareth und Maria Magdalena, die nicht kinderlos geblieben sei. Aus dieser »Blutslinie Jesu« seien die Merowingerkönige hervorgegangen. Der Codename dieser geheimen Blutslinie sei *Sangreal* (frz. *sang réal* = »königliches Blut«, woraus dann *san greal* oder *san graal* = »heiliger Gral« geworden sei) und bilde den historischen Nukleus aller Legenden, die sich um den Heiligen Gral rankten.

»Jesus muss ein Priesterkönig aus dem Geschlecht Davids gewesen sein, der einen legitimen Anspruch auf den Thron besaß« – in dieser These gipfeln die Recherchen und Schlussfolgerungen von Lincoln/Baigent/Leigh. »Er musste seine Position festigen, um in der Lage zu sein, das Land zu einen, das Volk zu mobilisieren, die Unterdrücker zu verjagen, den von ihnen eingesetzten König zu entthronen und den Glanz des Hauses Salomo wiederherzustellen. Ein solcher Mann wäre wahrhaft ›König der Juden‹ gewesen.« Eine politische Ehe mit Maria Magdalena hätte eine Festigung dieser Macht versprochen. Die Autoren sehen in ihr eine begüterte Frau, die dem anderen großen Stamm der Juden, dem Stamm Benjamins, angehörte. Ausgehend von der Darstellung des Kindes innerhalb des Kreuzweges in Rennes-le-Château, schlossen sie: Maria Magdalena könnte das Sangreal, das königliche Blut, nach Marseille gebracht haben. Das hieße, dass Jesus vor der Kreuzigung bereits Kinder gehabt oder zumindest eines gezeugt hätte. Und wie auch andere Autoren, die den Tod am Kreuz bezweifeln, führen sie die Grablegung in Verbindung mit der unüblichen Bitte Josephs von Arimathäa an, Pilatus solle ihm den Leichnam überlassen. Gleichfalls fassen sie die Darstellung der nächtlichen Grablegung in dem Kreuzweg in Rennes-le-Château als sprechenden Hinweis auf, dass Jesus die Kreuzigung überlebte.

Der Legende nach soll Joseph von Arimathäa mit Maria Magdalena und dem Gral nach Marseille geflüchtet sein. Diese Überlieferung wurde vor allem im Mittelalter wieder lebendig, als man in Frankreich jene Schwarze Madonna besonders zu verehren begann, die immer auch in Verbindung mit dem dort sehr lebendigen Magdalenenkult stand. War also der »Gral« ein leiblicher Nachkomme Jesu und Maria Magdalena, eine »Königin der Juden«? In der *Legenda aurea* ist immerhin die Rede davon, dass Maria Magdalena einer Fürstin zu einem Kind verholfen und sich später selbst um dieses Kind gekümmert hätte: »Der Knabe aber war indes von Maria Magdalena behütet worden und heil und gesund geblieben.« War er vielleicht ihr eigenes Kind?

Für Henry Lincoln, Michael Baigent und Richard Leigh und eine ganze Reihe weiterer Autoren in ihrem Gefolge – nicht zuletzt auch im belletristischen Genre – verbanden alle diese Gralsgeschichten ein Stück Vergangenheit mit der Gegenwart des Mittelalters: Es seien volkstümliche Auslegungen der Geschichte der Familie Jesu und einer anderen großen Dynastie, nämlich des frühmittelalterlichen Königsgeschlechts der Merowinger, gewesen. Ihre Hypothese: Im fünften Jahrhundert vereinigte sich das Geschlecht Jesu mit dem der Franken und brachte so die Dynastie der Merowinger hervor.

Von hier aus ist es nur mehr ein kleiner spekulativer Schritt zu einer Organisation, die in der offiziellen Geschichte einen ebenso berühmten wie mysteriösen Platz zugewiesen bekam: die Tempelritter. Von ihnen wurde stets in Zusammenhang mit großen Geheimnissen, magischen Künsten und enormen Reichtümern gesprochen. Allen voran aber richtete sich das Interesse auf den Schatz der Templer, deren Orden später verfolgt und verboten wurde.

Hinter diesem Schatz steht eine altüberlieferte Geschichte: Neun Jahre lang forschten demnach neun »arme« Ritter unter den Tempelmauern in Jerusalem nach dem, was die römischen Legionen übersehen haben könnten. Diese hatten zwar viel Gold und Silber mit nach Rom gebracht, aber ebenso wie einst die Templer vermuten die Gralssucher von heute, dass Wertvolleres zu finden gewesen wäre: die alten Aufzeichnungen über die Abstammung der jüdischen Könige nämlich. Bei Julius Africanus, einem Geschichtsschreiber des dritten Jahrhunderts, entdecken wir jene Stelle, die als Dreh- und Angelpunkt dieser These gelten darf: Dort beschweren sich die Nachkommen Jesu über die Herodianer, »weil diese sämtliche Genealogien des jüdischen Adels und damit alle Beweise vernichtet hätten, mit denen sie ihren Anspruch auf den Thron untermauern könnten«.

Falls also die These vom Blut Maria Magdalenas und Jesu in den Adern französischer Könige zutreffen würde, so hätte Gottfried von Bouillon, der große Held der Kreuzzügler, dem merowingische Abstammung nachgesagt wird, rund 1000 Jahre nach der Flucht Maria Magdalenas im Heiligen Land sein rechtmäßiges Erbe als König von Jerusalem angetreten. Er ist die historische Persönlichkeit, welche die Brücke zwischen Geschichte, Literatur und Mythologie schlagen soll. Der einschlägigen Überzeugung zufolge wäre er ein Nachfolger des sagenhaften Parzival, des höchsten Gralsritters – und so wie dessen Sohn Lohengrin hätte auch er – aus gutem Grund – die Frage nach seiner Abstammung unbeantwortet lassen müssen …

Denn hätte die Kirche von seiner Abstammung gewusst, wäre die »Nachkommenschaft Jesu« wohl zu keinem Zeitpunkt gefährlicher für sie gewesen. Der Mord an dem Merowingerkönig Dagobert hatte in kirchlichen Kreisen Beifall gefunden. Doch das merowingische Blut, mutmaßlich auch das Blut des Hauses David und das Blut des Erlösers und seiner unerkannt lebenden Nachkommen, lebte nach Meinung der Verschwörungstheoretiker dennoch fort.

Ein weiteres Glied in der Kette seiner Bewahrer sollen die Katharer bilden, jene gnostisch-christliche Sekte, von der kein Geringerer als der Heilige Bernhard von Clairvaux sagte: »Sicherlich gibt es keine christlicheren Predigten als die ihren, und ihre Sitten waren rein.« Die »Vollkommenen«, wie man sie auch nannte, waren strenge Dualisten. Sie sprachen von einem Gott der Liebe und von einem Gott des Bösen, der als »Rex Mundi«, als König der Welt, alle materielle Schöpfung beherrscht. Vor allem aber lehnten sie das Dogma von Jesus als Sohn Gottes strikt ab. Sie verehrten ihn als einen Propheten, der um der Liebe willen ans Kreuz geschlagen wurde. Sie widersetzten sich den Sakramenten und hatten scheinbar auch von der Kommunion eine völlig andere Vorstellung als die Kirche. Darauf lässt ein Brief schließen, den ein Ratgeber Ludwigs IX. im 13. Jahrhundert schrieb: »Der König erzählte mir einmal, dass einige Albigenser den Grafen von Montfort aufgesucht ... und ihn aufgefordert hätten, mit ihnen zu kommen und den Leib Unseres Herrn zu betrachten, der in den Händen der Priester zu Fleisch und Blut geworden sei.«

Jedenfalls geschahen bei der Belagerung der Katharerfestung Montségur durch die Armeen des Papstes und des Königs von Frankreich seltsame Dinge. Im Januar 1244 brachten zwei Vollkommene bei ihrer Flucht Gold und Silber aus der Burg. Zwei Monate später kapitulierte die Festung, und es kam zu einem zweiwöchigen Waffenstillstand. Die Katharer boten freiwillig Geiseln an, die hingerichtet werden sollten, sobald es zu einem Fluchtversuch aus der Burg kommen würde. Trotzdem suchten später fünf Vollkommene zu fliehen – mit dem Wissen der übrigen Katharer. An Seilen ließen sie vielleicht einen ganz besonderen »Schatz« die steile Felswand hinab? Die materiellen Reichtümer waren ja schon drei Monate zuvor durch die feindlichen Linien der Belagerer geschmuggelt worden. Also grübelt man heute, ob es sich bei den in Sicherheit gebrachten Gegenständen um Bücher, Geheimschriften, Reliquien oder Manuskripte handelte. Es gibt natürlich auch die Vermutung, dass man aus Montségur Kinder wegbrachte, die Träger des königlichen Blutes.

Legenden zufolge wurde der »Schatz« irgendwo in den Höhlen der Umgebung versteckt. Seit den Zeiten des Abbé Saunière wird gefragt: War es in Rennes-le-Château? Die Katharer hätten schließlich ebenso wie die später verfolgten Templer die Hüter eines Geheimnisses sein können, das über Generationen hinweg unter der Hand weitergegeben wurde. Bei einem Interview mit Lincoln, Baigent und Leigh gab Pierre Plantard zu verstehen, »dass die Prieuré de Sion im Besitz des verloren geglaubten Schatzes aus dem Tempel in Jerusalem sei. Diese Gegenstände würden ›zur gegebenen Zeit an Jerusalem zurückgegeben‹.« Weiter betonte er, dass der Schatz keinerlei historische, archäologische oder gar politische Bedeutung habe. »Der wahre Schatz sei spirituell.« Wenigstens dieses Wort eines erwiesenen Fälschers, dessen genialische Intrigen ein regelrechtes Feuerwerk an Verschwörungstheorien, Legendenbildung und ausgeklügelten Spekulationen inspirierten, dürfte sehr nahe an der Wahrheit sein …

Möglicherweise jedoch dienen die wuchernden Spekulationen über die »Blutslinie Christi« eher der Unterhaltung der Menschen als ihrer spirituellen Erhebung. Was Lüge und was Wahrheit ist, wird dadurch nicht eben klarer. Wenn es um Spiritualität geht, dann ist die Frage nach dem faktischen Kern der Mythen – seien sie altehrwürdiger oder moderner Herkunft – wenig von Belang. Wie schon der berühmte Mythenforscher Joseph Campbell in einem Essay über *Metapher und Mysterium*, abgedruckt in dem Sammelband *Das bist Du* schrieb: »Ein Mythos ist keine Lüge. Eine Mythologie ist ein Corpus symbolischer Bilder und Erzählungen, die als Metaphern für die Möglichkeit menschlicher Erfahrungen stehen.«

Und hier ist die Verbindungslinie zu ziehen zwischen allen Mythen um Maria Magdalena und Jesus, seien sie alt oder neu, zu der Sehnsucht des heutigen Menschen nach Sinn und Erfüllung: »Historisch« erzählen sie uns von Maria Magdalena als möglicher Stammmutter eines messianischen Geschlechts und dem Gral als Symbol für das Blut der Nachkommenschaft Jesu. Mythologisch präsentieren sie uns Maria Magdalena als Göttin und den Gral als Sinnbild für den göttlichen Funken im Menschen. Sowohl materiell als auch spirituell verkörpert der Gral demnach den Ort, an dem sich Mann und Frau vereinigen, ein neues Leben empfangen wird und das Wunder der Geburt geschieht. Eine Gebrauchsanweisung für die Zeugung leiblicher Nachkommen brauchen wir wohl weniger. Aber wie sieht das bei einem Kind des Geistes aus, das die Verbindung männlicher und weiblicher Energien im Menschen selbst voraussetzt?

Die Gralsritter mussten Offenheit erlernen, unschuldige Reinheit erlangen und dabei die Gedanken auf eine ganz besondere, überirdische Geliebte richten. Erst dann konnten sie zu jenem mysteriösen König vordringen, der in der unsichtbaren Gralsburg wohnt – dort, wo die Frauen die mit wertvollen Edelsteinen verzierte Schale hintragen.

So sieht sie also aus, unsere Schatzkarte, die zum wahren Schatz führt – dem Schatz im Innern. Ihre Symbolik führt uns zu der uralten Lehre, wonach der männliche Teil Gottes unsichtbar und verborgen bleibt und nur über die Göttin, den weiblichen Teil der Schöpfung, erreichbar ist. Auch Julius Evola, einen Vertreter moderner initiatorischer Lehren, erinnern die Mysterien des Grals an die alten Mysterienreligionen, als deren lebendige Repräsentantin wir Maria Magdalena kennen gelernt haben. In seinem Buch *Das Mysterium des Grals* bezeichnet er die Gralsburg als unsichtbares »Schloss der Seele«. Gehen wir also davon aus, dass der Gral für die Suche des Menschen nach einer unsterblichen Seele steht, dann rückt wiederum die Göttin in den Vordergrund – und mit ihr die weibliche Fähigkeit, neues Leben hervorzubringen.

Den ersten Orientierungspunkt auf der Schatzkarte markiert die Offenheit. Sie ermöglicht es der Göttin, den Schatzsucher mit Inspiration und Weisheit zu nähren. Wirklichkeit werden diese aber erst dann, wenn der Gralsritter auch anzunehmen versteht, und zwar alles, was ihm auf dem Weg zum Schatz begegnet, in und außerhalb seiner selbst. Die Kunst der vorurteilsfreien Annahme aber setzt die Unschuld jenseits der Erkenntnis von Gut und Böse voraus, die zweite Markierung auf der Karte. Das bedeutet nichts Geringeres, als dass wir zurückkehren müssen ins Paradies, um den Stein der Weisen zu finden, den nach Wolfram von Eschenbachs Gralssage die Engel vor Urzeiten auf die Welt gebracht hatten. Die Tür dorthin liegt im Vertrauen auf die Schöpfung als göttliche Urmutter, die den Menschen zu seinem Ursprung zurückzuführen sucht. Und hier stoßen wir schließlich auf die überirdische Geliebte, derer es sich zu gewahren gilt.

Demnach birgt die Schatzkarte folgende Wegmarken: Offenheit, Annahme, Vertrauen und bedingungslose Hingabe. »Weibliche« Eigenschaften also sind gefragt, um das Kind des Geistes gebären zu können, welches da ist die Liebe. Deswegen reitet Parzival mit dem Ruf »Amor!« auf den Lippen los. Deswegen lehnt er nach Joseph Campbell eine ihm angebotene Fürstentochter mit der Begründung ab, dass er sich seine Frau erst »verdienen« müsse. Insofern beginnt die Gralssuche letztendlich mit der Suche nach der Frau in sich selbst. Findet man sie, wird der Mensch selbst zum Gral, zum lebenden Tempel, der überirdische Nahrung aus dem Kosmos empfangen und dadurch unverwundbar und unsterblich werden kann.

Der Gralsmythos ist also die universelle Geschichte der dreifaltigen Göttin. Dreifaltig nicht nur, weil die Göttin in uns, um uns und durch uns wirkt, sondern weil sie ebenso wie ihre Schöpfung sowohl das Leben als auch den Tod in sich birgt. Gemeinhin klassifizieren wir danach das »Gute« und »Böse« und vermessen uns damit, uns über die Weisheit der Sophia als Richter aufzuspielen – ausgerechnet über sie, die den göttlichen Funken in den Menschen geschmuggelt hat. Die Eingeweihten aller Zeiten wussten, wer den Anschluss zu Gott aufrechterhalten kann, nämlich die Göttin. Denn was vermöchten wir schon zu bewirken und zu geben, wenn wir nicht zuerst empfangen lernen?

Diese Lehre ist uralt und spiegelt sich in der ursprünglichen Schöpfungsgeschichte wider. »Die echte Version von einer Stamm-Mutter Eva, die Jahwe gebar und mit ihm Adam ›zeugte‹, schimmert noch durch das Märchen von der Rippe

Adams, aus der mit Gottes Hilfe die arme Eva entstand«, schreibt Richard Fester in seinem Buch *Weib und Macht*. Hier zeigt sich auch die Parallele zum Schöpfungsmythos der Gnostiker, in welchem der göttliche Funke durch Sophia in den Menschen gelangt. Und damit schließt sich der Kreis wieder bei Maria Magdalena. Als Gefährtin des Heilands verkörperte sie in den Augen der Gnostiker die Weisheit, die fiel und sich wieder aufrichtete, indem sie die sieben Teufel in sich selbst zu bekämpfen wusste und nicht in anderen.

Die Verwandlung des Menschen hin zum Licht vollzieht sich durch den »MM-Aspekt«, der mit den geheimnisvollen Kräften des Weiblichen agiert. So finden wir das Symbol der lang verbotenen Göttin wieder – und können es neu begreifen! Sie zeigt uns, dass all die Geheimnisse, denen wir in der äußeren Welt nachjagen, in ihrer innersten, mystischen Bedeutung ein verschlüsselter Hinweis auf die unverwundbare und unsterbliche Seele des Menschen sind, die Geheimnisse des Grals ebenso wie die des Goldes der Alchemisten.

Mit »Vater, Sohn und Heiligem Geist« ging der dreifaltige Aspekt der Göttin verloren und schließlich der Sinn jeder wahren Religion: die Erschaffung einer Seele. Denn mütterliche, Leben spendende Energien wandeln sich zu zerstörerischen, sobald sie zu erstarren beginnen, besitzergreifend und damit tödlich werden. Rettung gibt es nur für diejenigen, die das Spiel des Lebens durchschauen und es als jenen Destillierkolben ansehen, der uns zum Ziel aller mystischen Wege führt: der Androgynität. Sie beinhaltet nichts Geringeres als einen Seinszustand, in dem alle Aspekte miteinander harmonisieren. In ihr finden wir das wahre Wesen des Menschen. Denn die Lebenskraft, die uns erhält, ist androgyner Natur, egal, welchen körperlichen Ausdruck ihr Kraftfeld annimmt, ob männlich oder weiblich. Deshalb glaubten die Mysterien des inneren Kreises seit je an einen androgynen Gott. Er umfasst, was unter der Männerherrschaft verdrängt wurde: dass das Göttliche alles ist und alles einschließt.

Kapitel 9

Der Schatten der Weltreligionen

Die Söhne des Lichts

Jesus und Maria Magdalena, Magdalena und Jesus: Sie führen uns zurück zu den Anfängen des Christentums, zu dem, was war, was hätte sein können und was die Zukunft bergen könnte. Das Spiel mit den zwei Gesichtern beginnt bereits, wenn wir den Namen jenes Mannes aussprechen, der die Leitgestalt der letzten großen Epoche darstellte: Jesus, der Christus.

Im ersten Kapitel hatten wir uns dem – ebenfalls zweifältigen – Namen der Maria Magdalena gewidmet: Als Maria verweist sie auf die große Göttin und als Magdalena, in der Rolle der Turmjungfrau, auf die alte Religion. Ebenso verhält es sich in der anderen, männlichen Richtung: Christos heißt »der Gesalbte« und ist damit auch ein Hinweis darauf, dass der Meister aus den Mysterien kam. In den alten Kulten der Levante war die Salbung der Initiierten gang und gäbe. So erkannte der innere Kreis in Christus, dem von Magdalena Gesalbten, den Geliebten der Göttin.

Jeschua bedeutet »Jahwe hilft«, also der »Ich bin (es, der) hilft«. Darin kann man die neue Lehre Jesu sehen, die Lehre vom Sein, den Weg zum wahren Leben. Für den äußeren Kreis aber galt eine andere Interpretation. Jesus war der »Menschensohn«, spielte das Instrument des Herrgottes, der seinen eigenen Sohn für die Erlösung der Menschheit von ihren Sünden opferte. Deshalb können wir es das Spiel mit den zwei Gesichtern nennen, wenn wir von Jesus als Opferlamm und Christus als vollkommenen Menschen sprechen.

Durch Jesus etablierte sich endgültig das neue Weltzeitalter des Herrgottes. Vom Kreuz herab verkündet er heute noch jenes Losungswort, das nicht allein friedliche Folgen hatte: »Adveniat regnum tuum!« – »Dein Reich komme!« Die Worte, die man dem Sohn als Bekräftigung für den neuen Bund mit der Väterreligion in den Mund gelegt hat, sind aus gnostischer Sicht traurige Wahrheit geworden. Das Reich des Herrn der Welt, des demiurgischen Sohnes der Sophia, wurde befestigt und ließ vieles vergessen, das die Menschheit zuvor wusste und das ihr ureigenes Erbe war und immer noch ist. Deshalb gilt es, die weiblichen Geheimnisse im Reich Gottes wieder zu ergründen, den Schatten aufzuheben, der über der Religion liegt und die tiefer liegende Wahrheit ans Licht zu heben.

Längst dreht es sich ja nicht mehr um den altbekannten Wechsel vom Matriarchat zum Patriarchat. Es geht darum, dass es spätestens seit dem Konzil von Nicäa im Christentum zweierlei Gottesbilder und zweierlei Arten von Religiosität gibt. Die spirituelle, gnostische Weisheit des Christus kämpft mit der moralischen Strenge des vom Wüstengott vereinnahmten Jesus.

Und was wollte dieser Christus wirklich? In seinem Namen wird auf allen Altären rund um die Welt das Brot der Göttin Demeter gebrochen und der Wein des Gottes Dionysos zu Blut gewandelt. Doch die eigentliche Verwandlung, die Transsubstantiation, die in den Mysterien die Grundlage für die Salbung des Christus bildete, rückte in einen fernen, nicht mehr wahrnehmbaren Hintergrund. Dabei sind die mystischen Möglichkeiten des Gottessohnes, ist all das, was Jesus und Magdalena uns hintergründig erzählen, der spannendste Aspekt dieser Geschichte.

Allerdings nicht nur spannend, sondern auch gefährlich, nämlich für den Glauben der Kirche selbst. Dies dürfte der tiefere Grund dafür sein, warum katholische Exegeten und Theologen die 1947 aufgefundenen Schriftrollen von Qumran lange zu veröffentlichen zögerten. Immerhin handelt es sich um die zweite große archäologische Entdeckung des 20. Jahrhunderts – neben den Funden von Nag Hammadi –, die unser bisheriges Bild von der Geschichte des antiken Judentums und der Bibel radikal infrage stellte. Durch sie konnte die Jesus-Bewegung innerhalb der damaligen religiösen Gruppierungen auf einmal viel besser eingeordnet werden. In der »Höhle elf« in Qumran fand man auch eine Art alternativer Thora, die viel mehr als die heute bekannten Gesetzesbücher der Juden beinhaltete. Neben Genesis, Exodus, Levitikus, Numeri und Deuteronomium, also den ersten fünf Büchern Mose, entdeckte man eine Gesetzesrolle, die genaue Auskünfte über die Verwirklichung des Glaubens im täglichen Leben gab. Darüber hinaus zeichnete sich in den Texten eine vehemente Ablehnung des »offiziellen« Kultes und der gängigen theologischen Vorstellungen der mosaischen Theologen im Jerusalemer Tempel ab.

Jesus selbst wird in den Schriften von Qumran nicht erwähnt, seine Geistesverwandten, die Essener, dafür umso mehr. Wir erfahren, dass sie bereits mehrere Generationen vor ihm das Vaterunser beteten. Der französische Professor für semitische Sprachen, André Dupont machte darauf aufmerksam, dass in diesem Schrifttum von einer »Sekte des Neuen Bundes« gesprochen wird, deren Führer nicht nur gefoltert und verfolgt worden, sondern auch als Märtyrer gestorben sei. Ob es sich dabei vielleicht sogar um Jesus handelte, ist nicht klar. Denn der Mann wird nicht namentlich erwähnt, sondern nur als »Lehrer der Gerechtigkeit« bezeichnet.

Bei der Essener-Gemeinde von Qumran galt auch die Weisung, den Weg zur Vollkommenheit zu gehen, bis der Messias oder der Gesalbte kommen würde. Ebenso ist die Rede von einer Schlacht der »Söhne des Lichts« gegen die »Söhne der Finsternis«. Dabei werden die Essener als »Wahrer des Bundes«, als »assayya«, als »Heilige« dargestellt. Sie werden unter diesem Bund etwas anderes verstanden haben als die Anhänger des Jerusalemer Tempels.

Der Alte Bund der Väter, den die Kinder Israels bei ihrer Wanderung durch die Wüste Sinai mit Gott, dem Herrn, geschlossen hatten, beinhaltete neben der Treue des Bundesvolkes vor allem Vorschriften für das äußere Leben, bis hin zu Festtagsordnungen und Abgabeleistungen (Exodus 34, 10–27). Die Bezeichnung »Söhne des Lichts« und ihre Weisungen, den Weg zur Vollkommenheit betreffend, lassen darauf schließen, dass die Essener dagegen weniger rituelle Obliegenheiten vor Augen hatten, sondern sich vielmehr in einer metaphysischen Dimension als »Wahrer des Bundes« verstanden. Die Divergenz zum orthodoxen Judentum auf dieser Ebene scheint sich im Neuen Bund fortgesetzt zu haben, den Jesus begründete.

Erwähnenswert in diesem Zusammenhang erscheint eine These von Baigent und Leigh in ihrem Buch *Verschlusssache Jesus*. Sie vermuten, dass am Anfang des Christentums, wie wir es kennen, ein Streit zwischen den Befürwortern der Essener-Lehre auf der einen und der Anhänger des Paulus als Propagandisten einer neuen Religion auf der anderen Seite gestanden habe. Sie stehen nicht allein mit der Vermutung, dass Maria Magdalena und Jakobus, der »Bruder des Herrn«, gegenüber dem Kirchengründer in Opposition standen. Der apokryphe Kerinthos-Brief, den Jakobus vielleicht sogar selbst schrieb, gibt Auskunft über den Stein des Anstoßes: »Erinnere dich, o Jakobus, wie oft ich dir und den anderen gesagt habe, ihr möget euch erlösen.« So spricht dort der »Erlöser«.

Die Gnostiker propagierten die Selbsterlösung, und diese macht die Rolle eines Opferlammes überflüssig, welche die Kirche Jesus zugedacht hatte. Exakt um diese Gegenüberstellung ging und geht es immer noch: entweder auf den göttlichen Funken in sich selbst vertrauen und sich selbst erlösen oder mit Ritualen und Opfern die Erlösung durch einen anderen befördern zu wollen.

Die Fokussierung auf Psychisches kennzeichnet die Mysterienschulen, die Essener und Gnostiker, und wenn auch die ursprüngliche Lehre Jesu auf die innere Wandlung des Menschen abzielte, ist es nicht verwunderlich, dass in den gnostischen Evangelien Maria Magdalena und Jakobus als Bewahrer der Tradition beschrieben werden. Diese gibt sich im Kerinthos-Brief durch den Messias selbst zu erkennen: »Darum sage ich euch: Seid eifrig bemüht um die Lehre. Denn das Wort hat drei Seiten. Und seine erste Seite ist der Glaube, die zweite die Liebe und die dritte sind die Werke. Den Werken aber entstammt das Leben.«

Das ist der springende Punkt: Den Werken entstammt das Leben! Die drei Seiten des Wortes, die Jesus ansprach, bauen nicht nur aufeinander auf, sondern bedingen sich auch und beinhalten: das Wissen durch Erfahrung, das den Glauben festigt; die Erkenntnis unserer selbst, die der Erfahrung allumfassender göttlicher Liebe gleichkommt und die Grundlage für das Gebot »Liebe deinen Nächsten wie dich selbst« bildet; und die daraus resultierenden Werke, die der Weg zum Ziel sind. Hier erkennen wir die Schnittstelle zu den östlichen Traditionen, und dies wirft die Frage auf, ob der Glaube der Essener und in der Folge der des Christentums vielleicht auch von östlichen Quellen beeinflusst worden sind.

Prinz Siddharta und Königssohn Jesus

»Ist es nicht töricht, der Freiheit im Leben nachzujagen, auf die unsichtbare Freiheit aber zu verzichten ... Lasst uns auf die Inder blicken, die sich bemühen, die Weisheit zu leben!«, lesen wir bei Josephus Flavius im *Jüdischen Krieg*. Man wusste also im Heiligen Land um die Weisheiten des Ostens, deren Missionare bis nach Alexandria gezogen sein sollen, um ihre Lehre zu verkünden.

So ist es durchaus möglich, dass sich auch Jesus mit diesen Traditionen befasste und sich von ihnen inspirieren ließ. Die kirchlich anerkannten Evangelien erzählen uns nichts über sein Leben vor seiner Zeit als Prediger. Bei Matthäus folgt auf die Rückkehr der heiligen Familie aus Ägypten die Taufe am Jordan. Das Markus-Evangelium beginnt erst mit der Taufe. Johannes widmet sich nach dem Prolog Johannes dem Täufer, bevor er dessen Zusammenkunft mit Jesus am Jordan schildert. Nur Lukas erzählt von einer Suche der Mutter Jesu nach ihrem zwölfjährigen Sohn. Sie findet ihn im Tempel und erhält als Antwort auf ihre Vorwürfe: »Wie habt ihr mich suchen können? Wusstet ihr nicht, dass ich im Hause meines Vaters sein muss?« (2,49) Wenn hinter dieser Geschichte eine tatsächliche Begebenheit stehen sollte, dann vielleicht die, dass Jesus im Alter von zwölf Jahren seine eigene spirituelle Berufung zu leben begann. Im Alter von zwölf Jahren wäre es angemessen gewesen, als Novize in den Orden der Essener einzutreten. Die Überlieferung schweigt sich vollständig darüber aus, was er bis zu seinem 30. Lebensjahr tat. Reiste er vielleicht auch nach Indien, und verbrachte er gar einige Zeit in einem buddhistischen Kloster?

Diese Frage erscheint im Zusammenhang eines Buches, das weniger verborgene Geschichte als einen verborgenen spirituellen Kern ans Licht bringen will, nicht so wichtig wie die Frage: Ist es nicht auffällig, dass die Selbsterlösung sowohl das zentrale Thema der buddhistischen als auch der gnostischen Spiritualität darstellt?

Schon die Parallelen zwischen der legendarischen Biografie des Prinzen Siddharta und der des Jesus von Nazareth, des »Königs der Juden«, stechen ins Auge. Der Buddha kommt wie der Messias jungfräulich geboren auf die Welt, seine Mutter wird im Traum von einem weißen Elefanten geschwängert. Als der Königssohn das Leid dieser Welt erkennt, zieht er jahrelang als Wahrheitssucher umher, bis er unter einem Feigenbaum erleuchtet wird. Davor allerdings muss er dem Versucher Mara widerstehen. Dann erst wird er der Buddha, »der Erwachte«, »der Erleuchtete«, und gibt seine Lehre weiter – ebenso wie der christliche Erlöser, dessen Lehrtätigkeit nach der Versuchung durch den Teufel beginnt.

Psychologisch gedeutet lassen sich beide Werdegänge als prototypisch für den menschlichen Entwicklungsweg zur Erlösung – oder Erleuchtung – interpretieren. Wir alle sind Königskinder, weil wir den göttlichen Funken in uns tragen, und haben die große, jungfräuliche Göttin als eigentliche

Mutter. Auf der Suche nach unserem wahren Selbst gilt es den Verlockungen der Materie zu widerstehen und hinter sie zu blicken, um den Schatz im Inneren finden zu können und von der bloßen Existenz zum wahren Sein zu gelangen.

Sowohl Siddharta Gautama als auch Jesus stehen für den vollkommenen Menschen, den im Grunde jede Religion schaffen will. Der Ausgangspunkt Buddhas war das Leid dieser Welt, der des Messias die Sünde. Buddha proklamierte die Vier Edlen Wahrheiten, indem er die existenzielle Tatsache des Leidens feststellte, als dessen Ursache die Begierde ausmachte, in deren Überwindung die Möglichkeit der Beseitigung des Leidens erkannte und durch den Achtfachen Pfad die Transzendierung des irdischen Leidensweges aufzeigte, den Weg zur Erleuchtung. Im Prinzip tat Jesus nichts anderes: Er forderte die Menschen auf, sich ihrer eigenen Sündhaftigkeit zu stellen, er nannte die Ursache der Sünde, predigte die Umkehr zum wahren Selbst und schilderte den Weg zu ewigem Leben durch die Frohbotschaft der Liebe.

Die ursprüngliche jesuanische Tradition lebte in Maria Magdalena fort. Sie war es, die vor dem Haften an der Materie warnte. Sie drängte ebenso wie Buddha auf eine Bewusstseinserneuerung, die aus Erkenntnis und Weisheit erwächst und die uns letztendlich befreit. Durch sie erscholl der Aufruf Jesu zur Wachsamkeit weiter, die der Achtsamkeit des Buddhismus gleicht. Nur durch Erwachen erlangen wir ein neues Wissen unserer selbst, und Achtsamkeit in allen Dingen ist es, die uns zu einem spirituellen Leben verhilft. Dieses wiederum dient uns als Sprungbrett zu einem transzendenten Bewusstsein und zur Buddhaschaft. »Die eine Welt verließ ich dank einer anderen Welt; die eine Gestalt ist verblichen durch eine höhere Gestalt«, so die Worte des Erlösers im Evangelium der Maria Magdalena.

Dabei hat es durchaus erwiesene historische Berührungspunkte, ja sogar eine recht weitgehende Verschmelzung zwischen der christlichen Lehre auf der einen sowie Buddhismus und Taoismus auf der anderen Seite gegeben. Im Jahr 635 n. Ch. erreichte eine Delegation Christen Changan, das heutige Yian. Ihr Anführer war ein Bischof mit Namen Alouben. Der chinesische Kaiser hieß die Christen willkommen und erteilte ihnen die Erlaubnis zu predigen. 638 gründeten sie das Kloster von Lou Guan Tai, dessen Wiederentdeckung im Jahre 1998 als archäologische Sensation gefeiert wurde. Wohl dort entstanden die geheimnisvollen Jesus-Sutras, auch »taoistische Evangelien« genannt. Sie berichten Erstaunliches über eine uns lange unbekannte Form des christlichen Glaubens, die im Reich der Mitte zeitweise ebenbürtig mit Taoismus und Buddhismus das religiöse Leben prägte. Die mittlerweile vorliegende Übersetzung und Kommentierung der Sutras ermöglicht heute auch Laien die eingehende Beschäftigung mit einem Christus, der als Erleuchteter verehrt wurde, über Wiedergeburt und Karma lehrte, das Dogma der Erbsünde verwarf, für die Gleichberechtigung von Mann und Frau eintrat sowie gegen Gewalt und Sklaverei predigte.

Sind diese speziellen Elemente der Glaubenslehre jener Jesus-Sutras Hinzufügungen aus Buddhismus und Taoismus? Mindestens vom Gleichberechtigungsgedanken wird man dies schwerlich behaupten können. Interessant in diesem Zusammenhang sind die Angaben in den Jesus-Sutras, die als geografischen Ursprung der Mission auf die äußersten Randbereiche der Ostkirche, also auf das Erzbistum Afghanistan und die Kirche Turkmenistans hinweisen, wie der englische Sinologe und Wiederentdecker des Klosters von Lou Guan Tai, Martin Palmer, in seinem Buch *Die Jesus-*

Sutras schildert. Dies sind auch Gebiete, in die sich Anhänger ursprünglicherer Formen christlicher Religiosität zurückzogen, nachdem sie auf dem Konzil von Nicäa 325 n. Chr. für häretisch erklärt worden waren.

Oder sollte die Frohbotschaft tatsächlich in noch früherer und in noch ursprünglicherer Form nach Asien gelangt sein? Dass Jesus selbst sich mit den östlichen Traditionen auseinander setzte und vielleicht sogar einen Teil seines Lebens in Zentral- oder Südasien verbrachte, ist angesichts der Geschichte des jüdischen Volkes nicht unvorstellbar. Die Nachkommen der Stämme Israels waren – damals wie heute – nicht nur in Palästina ansässig, sondern weit verstreut. König David und sein Sohn Salomo hatten zwar das Staatsbewusstsein der Juden gefestigt, indem sie die Bundeslade nach Jerusalem brachten. Die goldenen Zeiten endeten jedoch, als König Sargon 722 v. Chr. die Oberschicht des Landes nach Assyrien deportierte und sie dort als Bauern und Handwerker ansiedelte. Unter dem Babylonierkönig Nebukadnezar II. kam es dann zu einer zweiten großen Aussiedelung, zur berühmten »babylonischen Gefangenschaft«.

Erst 536 v. Chr. durften die Juden unter der Herrschaft des Persers Kyros II. wieder zurück in die Heimat. Ungeklärt bleibt allerdings, wie viele wirklich nach Palästina zurückkehrten. Alte Chroniken lassen vermuten, dass ein Teil des jüdischen Volkes sich sowohl in Kaschmir als auch in Afghanistan ansiedelte. Danach nannten sich die Afghanen »Beni Israel« und behaupteten, von Saul, dem ersten König Israels, abzustammen. Kaschmir wiederum bezeichnete man gerne als den Garten König Salomos.

Siegfried Obermeier stellt in seinem Buch *Starb Jesus in Kaschmir?* einen direkten Zusammenhang her zwischen den versprengten Abkömmlingen des Hauses Israel und dem Propheten Issa, also Jesus. Wie der Titel bereits verrät, fragte er sich, ob sich der Meister nach der Kreuzigung dorthin zurückzog. Für einen Aufenthalt in Kaschmir nach der Kreuzigung spricht ein Briefwechsel, der dem Kirchenhistoriker Eusebius zufolge zwischen Jesus und einem König Abgar einige Zeit nach dem vermeintlichen Tod des Messias stattgefunden haben soll. Dieser König, der zwischen neun und 46 n. Chr. in Edessa lebte, bat darin um Heilung. Jesus versprach daraufhin, so heißt es, dem König einen seiner Jünger zu schicken. Betitelungen als Gottessohn oder Messias finden sich in dem Briefwechsel interessanterweise nicht.

In Afghanistan selbst gibt es Hinweise auf einen »Yus Asaf«, das bedeutet »Jesus, der Versammler«. Der islamische Historiker Mullah Nadiri schreibt in dem Werk *Tariki-Kaschmir* von einem großen Propheten, der aus Palästina eingetroffen sei und dem Volk von Kaschmir das Wort Gottes gebracht habe. In Kaschmir existiert noch heute eine alte Legende, die besagt: Jesus habe auf Wunsch des Königs in hohem Alter eine Familie gegründet und Kinder bekommen (er soll erst im Jahre 78 n. Chr. in Kaschmir eingetroffen sein). In dem Buch *Jesus starb in Kaschmir* berichtet Andreas Faber-Kaiser von einer Familie in Srinagar, die sich um das Grabmahl der Nachkommen des Propheten Yus Asaf kümmern würde. Zudem besäße die Familie eine Ahnentafel, auf der eine gewisse Maryan als Gemahlin Jesu angegeben sei. Darüber hinaus erwähnte zu Beginn dieses Jahrhunderts der Gouverneur von Kaschmir, Sir Francis Younghusband: »Es lebte in Kaschmir vor etwa 1900 Jahren ein Heiliger mit dem Namen Yus Asaf, der in Gleichnissen predigte und viele der Gleichnisse gebrauchte, die wir von Christus kennen, wie etwa das vom Sämann …«

Ebenso will der russische Abenteurer Nikolaus Notowitsch noch Ende des 19. Jahrhunderts in Afghanistan, Indien, Kaschmir und Tibet auf Spuren von Jesus gestoßen sein. Ein tibetischer Lama erklärte ihm, dass Buddha in der Person Jesu wieder Fleisch angenommen habe und Issa ein großer Prophet unter den 22 Buddhas gewesen sei. Das Volk wisse zwar nichts mehr davon, aber in den Schriftrollen der Klöster wäre das Wirken von Jesus aufgezeichnet. Notowitsch zitiert sogar unbekannte Jesus-Worte: »Ehret die Frau; denn sie ist die Mutter des Weltalls, und die ganze Wahrheit der göttlichen Schöpfung beruht auf ihr. Sie ist die Grundlage all dessen, was es Gutes und Schönes gibt, wie sie auch der Keim ist des Lebens und des Todes ...« Allerdings weiß man laut Siegfried Obermeier nicht, ob der russische Abenteurer selbst etwas hinzufügte.

Nichtsdestotrotz erschiene eine Hervorhebung weiblicher Schöpferkraft aus dem Munde des Messias nicht abwegig, wenn man bedenkt, dass Maria Magdalena von ihm als diejenige gerühmt wurde, »die das All kennt«. Ebenso kommt in dem Zitat die Doppelgesichtigkeit der Göttin zum Ausdruck, der man auch in den Verwandlungen der hinduistischen, buddhistisch-tantrischen Göttinnen begegnet: Durga etwa gilt als die Mutter allen Lebens und zugleich als Symbol für Männer vernichtenden Sex, Terror, Wahnsinn und Tod. Shakti verkörpert als Shivas Gefährtin die unendliche weibliche Energie, die als Kali Tod und Verderben bringt und Menschenopfer zu ihrer Besänftigung fordert.

Geheimnisse der Sexualmagie

Ein Schatten liegt über allen Weltreligionen, durch die Diskriminierung der Frauen in der spirituellen Praxis und die Herabsetzung des weiblichen Prinzips in Kosmologie und Theologie. Im Christentum wird dies deutlich durch Maria Magdalena, die sich als »verbotene Göttin« nur in der Rolle als gehorsame Dienerin den Nimbus der Heiligkeit erwerben kann. Islam und Judentum degradieren das Weibliche mit der Vermännlichung Gottes, die im Grunde schon mit der Erschaffung Evas aus der Rippe Adams ihren Anfang nahm. Im Christentum wiederholte sich der Prozess, als man Christus zum Menschensohn des Herrn machte. Im Verlaufe der indischen Religionsgeschichte zogen Brahma, Shiva und Vishnu als männliche Dreifaltigkeit in den Himmel ein, während ihre Gattinnen zu Emanationen der männlichen Kraft verkümmerten. Und auch im Buddhismus erhalten Nonnen ihre Gesetze von Mönchen, gelten weniger als diese und müssen ihnen die gebührende Verehrung erweisen.

Das Geheimnis des Lebens verlor man dabei aus den Augen: dass männliche und weibliche Kräfte zusammenspielen müssen, damit das vorhandene Potenzial zur Entfaltung kommen kann. Doch diese Weisheit der Urreligion schimmert überall hindurch, sobald man genau hinschaut: sei es im Judentum durch den allerersten Schöpfungsbericht der Genesis, im Christentum durch den gnostischen Code von Mirjam und Jeschua sowie im Koran: »Preis sei Ihm, der alle Arten paarweise erschaffen hat, von dem, was die Erde wachsen lässt, und von ihnen selber und von dem, das sie nicht kennen« (Sure 36,36). »Und Er ist der Erhabene, der Verzeihende, der sieben Himmel erschaffen hat, einen über dem anderen. Du erblickst in der Schöpfung des Erbarmers kein Missverhältnis. So schau dich von neuem um, ob du Mängel siehst!« (Sure 67,2–3).

Die Philosophie der Urreligion kommt auch in einer bestimmten Form des Shaktismus (neben Shivaismus und Vishnuismus eine der drei Hauptrichtungen des Hinduismus) zum Ausdruck, indem die Göttin Durga als eins mit dem Absoluten, dem Brahman, und als Herrin der Welt gilt. Dasselbe Prinzip lässt sich im Buddhismus ausfindig machen: »Om mani padme hum«, das »Kleinod in der Lotosblüte«, als das Gautama Siddharta angerufen wird, stellt mit der Lotosblüte als Zeichen für das Weibliche auch ein Symbol für die Vereinigung des Gottes mit der Göttin dar.

Mit der Verschmelzung des Weiblichen und Männlichen rückt auch die Erotik ins Blickfeld. An der Wiege jeder Religion stand die irdische Vereinigung von Mann und Frau, in den innersten Kreisen auch die Sexualmagie – für uns ein Unwort, weil Sex und Magie in den Zeiten des Männerhimmels tabu waren. Zuvor hatte Sex als etwas Heiliges, Sakrales gegolten. Bei den sexualmagischen Praktiken geht es um die Verbindung von männlichen und weiblichen Energien, die nicht nur uns und unsere Kinder, sondern die gesamte Schöpfung hervorbringt.

In der patriarchalen Epoche fand dieses ursprünglichste Gesetz, die gleichberechtigte Zweigeschlechtlichkeit in allen Dingen, wenig Beachtung. Unter den Häretikern jedoch wusste man: Gerade die Vereinigung der beiden Pole ist es, die uns in höhere Dimensionen aufsteigen lässt. Darum hatte nicht nur Paulus seine Thekla und Simon Magus seine Helena, sondern auch Jesus seine Magdalena.

Im Shaktisangama-Tantra heißt es: »Die Frau erschafft das Universum, sie ist der Körper dieses Universums selbst.

Die Frau ist der Halt der drei Welten, sie ist die Essenz unseres Körpers. Es gibt keine Seligkeit als die von der Frau gestiftete. Es gibt keinen anderen Weg als den, den die Frau uns öffnen kann« (II,52).

Die Weiblichkeit, von der hier die Rede ist, betrifft nicht nur Frauen, sondern auch Männer. Dieser Spruch bildet den Wegweiser zu einer Lehre des Tantra, die besagt: Die Wirklichkeit wird durch die zwei polaren Prinzipien Shiva und Shakti gezeugt; letztendlich ist es Shakti, welche die Schöpfung austrägt, zur Welt bringt und aufzieht.

Von dem ersten befruchteten Ei, aus dem unser Körper entsteht, bis hin zu unseren Partnerschaften, unseren höheren Körpern und der Verbindung zum Kosmos: Immer wirkt die Schulmädchenrechnung vom befruchtenden und empfangenden Prinzip und der Energie zwischen den beiden, die wir Liebe nennen. Im Klartext bedeutet das aber, dass wir weibliche Energie zum Quadrat brauchen: eine natürlich empfangende und eine zweite, eine Art höhere feminine Kraft, die universelle Empfangsbereitschaft bedeutet. Sie ist es, die alles antreibt, beflügelt und verbindet. Sie erweist sich als die dritte Kraft, als ein Kind der geistigen Welt, die nur in uns eindringt, wenn unser Körper, unsere Gefühle und unser Geist dafür bereit sind.

Das will uns wahre Erotik lehren. Erotische Gefühle lassen erfahren, dass Liebe immer dann gegeben ist, wenn kein Subjekt und kein Objekt, kein »Hier« und kein »Da« mehr vorhanden sind. Jede Verliebtheit gibt uns eine Kostprobe von diesem göttlichen Spiel, indem wir plötzlich das Gefühl haben, die ganze Welt umarmen zu können. Die Essenz aber finden wir in einem Text des Vishvasara-Tantra: »Alles, was hier ist, ist anderswo; was nicht hier ist, ist nirgendwo.«

In diesem Sinn ist jeder von uns Gott und Göttin, ist jeder Geschlechtsakt das Entstehen des Universums, kann jede kleinste unserer Handlungen ein magischer Akt sein! Den Zusammenhang von Liebe und Eros begreifen wir aber erst, wenn wir uns der verbindenden dritten Kraft nähern. Doch selbst die Jünger Jesu hatten allem Anschein nach Schwierigkeiten, die Liebesbotschaft zu verstehen.

Waren die Geheimnisse von Jesus und Maria Magdalena auch sexualmagischer Art? Den antiken Mysterien waren diese Praktiken alles andere als fremd. Und im Kerinthos-Brief des Jakobus lesen wir: »Du hast mich gebeten, dir jene geheimen Lehren zu verkünden, die mir und Petrus von Jesus Christus, unserem Herrn, geoffenbart wurden. Doch es gibt Dinge, über die zu sprechen sich nicht schickt.« Der Verfasser des Briefes erklärt weiter, warum er trotzdem auf die Bitte eingeht, um dann zu warnen: »Darum sei sorgsam und hüte dich, diese geheime Lehre einem Unwürdigen mitzuteilen! Denn diese Lehre wollte der Erlöser nicht einmal allen von uns, seinen zwölf Jüngern, mitteilen.«

Dass diese geheime Lehre eine ganz besondere Perle war, untermauert das Evangelium nach Thomas dem Zwilling. Darin fragen die Jünger nach einer Unterredung zwischen Thomas und dem Meister: »Was hat Jesus dir gesagt?« Thomas antwortete ihnen: »Wenn ich euch nur eines der Worte sage, die er zu mir sprach, werdet ihr Steine nehmen und sie gegen mich werfen, und Feuer wird aus den Steinen kommen und euch verbrennen.«

Offenbar gab es heißere Themen als jene, die der gnostische Code mit dem Satz »Wer es fassen kann, der fasse es!« kennzeichnete. Aber brandheiß war die Magie des Eros letztlich nicht deshalb, weil es dabei um vermeintliche

Obszönitäten ging, die den Gnostikern seit je vorgeworfen wurden. Gerade die Erotik verweist uns sowohl auf unseren Ursprung als auch auf unser Ziel: den himmlischen Menschen, der nur durch höhere Energien in uns selbst zu erzeugen ist. Solche feineren Schwingungen entstehen beim rituellen Geschlechtsakt. Darum war und ist der Sexus ein Fahrzeug in höhere Dimensionen, und darum hatten die innersten Mysterien schon immer einen erotischen Anstrich.

André van Lysebeth, ein Pionier des Tantra im Westen, spricht in seinem Werk *Tantra* von dem so genannten *overmind,* der uns alle verbindet, und legt dar: »Es bildet ein einziges *Wir,* welches das uranfängliche kosmische Männliche und Weibliche einschließt. Das Tantra sagt, es geschehe in jenen Augenblicken, da das Ego sich auflöst, kurz vor dem Orgasmus, dass die *minds,* die ›Mentalen‹ der Partner vorübergehend mit diesem *overmind* in Berührung kommen. Fortan ist jeder Mann das ursprüngliche ungehemmte Männliche und jede Frau das ursprüngliche Weibliche. Die beiden verschmelzen in einer Ekstase, die sich von selbst fortführt, und in diesem Moment verliert sich ihr egoistisches Ich im All, was das Ziel aller großen Religionen ist.«

Die sexuelle Verzückung im Kontext der alten Religionen diente unterschiedlichen Absichten: Auf der einen Seite gehörte sie zum Freude spendenden Fruchtbarkeitsritus für das Volk und den Kosmos, auf der anderen Seite war sie eine Art magischer Zauberstab, um das irdische Ich aufzulösen und umfassendere Vorstellungen und sublimere Wünsche dem *overmind* aufzuprägen. Im Tantra versucht man das unter anderem durch *chakra puja* zu erreichen, eine kreisförmige Verehrung, bei der 16 Paare die Kräfte der Kundalini erwecken.

Ähnliche Praktiken wandten vielleicht auch die Gnostiker an. Ihnen schrieb man einerseits eine Gelöstheit zu, die sie jeglicher sexueller Begierde enthob, andererseits wurde ihnen Unmoral vorgeworfen. In einer Streitschrift des Epiphanius gegen die libertinistische Gnosis heißt es: »… zuerst haben sie ihre Frauen gemeinsam … wenn sie gespeist und sozusagen die Adern zum Überfluss gefüllt haben, geben sie ihrer Leidenschaft nach. Denn der Mann zieht sich von seiner Frau zurück und sagt zu ihr: Steh auf, feiere die Agape mit dem Bruder … Wenn sie aus der Leidenschaft der Hurerei Verkehr gehabt haben, dann strecken dazu die Frau und der Mann ihre eigene Schande zum Himmel, sie nehmen den Ausfluss des Mannes in ihre eigenen Hände und stehen da, zum Himmel blickend … und sagen: ›Wir bringen dir diese Gabe, den Leib des Christus.‹ Und so essen sie es, indem sie ihre eigene Schande genießen und sagen: ›Dies ist der Leib Christi, und dies ist das Passa, um deswillen unsere Leiber leiden …‹«

Um die Gnostiker im Sinne der herrschenden Sexualmoral zu entlasten, mag man davon ausgehen, dass diese Beschreibung es allein darauf anlegte, die Gnostiker in Verruf zu bringen. Oder aber man lässt ihre Verlässlichkeit gelten – dann könnte man darin die Beschreibung einer Art tantrischen heiligen Messe sehen. In ihr bricht man ebenfalls rituell das Brot, teilt Wein und Fleisch und betrachtet den Samen als das Lebenselixier schlechthin – als magisches Fluidum, welches das Erbgut der ganzen Menschheit enthält. Keine Frage, dass uns unsere abendländisch-christliche Sozialisation im Nacken sitzt, sobald sich Sex und Religion treffen. Doch tief in unserem Inneren, im kollektiven Unbewussten der Menschheit, gibt es etwas, das nicht vergisst: ein nie ausgelöschtes Wissen über die Heiligkeit des Sex. Diese natürliche Heiligkeit im Sinne von Ganzheit wirft den Gedanken auf, ob die Erotik nicht hinter den so genannten Liebesreligionen stand und sie beflügelte.

Im Kerinthos-Brief wird Jesus so zitiert: »Begehrt das Fleisch denn nicht nach der Seele? Wahrlich, ohne die Seele kann der Leib nicht sündigen, wie die Seele nicht ohne den Leib erlöst werden kann.« In diesem Sinne stellt unser Körper eine tantrische Kathedrale dar, in der wir durch Sex zur mystischen Ekstase aufsteigen und Verbindung mit den höchsten himmlischen Hierarchien oder den höchsten Buddha-Ebenen aufnehmen können. Unsere Zellen, Nerven, Muskeln und Sehnen dienen als Instrument für die Auferstehung und die Vergöttlichung des Menschen.

In den apokryphen Johannes-Akten ist ein »Tanzlied Jesu« überliefert: »Einen Tempel habe ich nicht, und einen Tempel habe ich – Amen ... und wenn du gesehen hast, was ich tue, schweige über meine Mysterien.« Dieser Tempel, der gleichzeitig ist und nicht ist, stellt im Tantrismus ein zentrales Thema dar. Vor allem im *Maithuna*-Ritual, bei dem sich beide Partner stundenlang umarmen, ohne auf einen Orgasmus loszustürmen, besteht das Ziel darin, dass die Teilnehmer zu Energie werden, zu einem »Tempel, der keiner mehr ist«.

Diese subtilsten Aspekte der Erotik wurden oft in schwer verständlichen Sprüchen und Parabeln weitergegeben. Über Buddha selbst gibt es eine Legende, wonach ein Schüler ihn nach der Kunst des tantrischen Weges befragte. Daraufhin soll der Erleuchtete all jene Schüler aus dem Raum geschickt haben, die er noch nicht als reif für das Verbinden von vordergründigen Gegensätzen erachtete. Den anderen jedoch wurden Königsmäntel übergelegt und Kronen aufgesetzt. Dieser geheime Prunk in der ansonsten eher asketischen Tradition des Buddhismus ist im Grunde genommen der bildhafte Ausdruck des Ausspruchs Jesu »Götter seid ihr!« (Johannes 10,34), der im offiziellen Christentum gerne übersehen wird.

Eine andere Überlieferung erzählt von einem buddhistischen Asketen, der nach vielen Kasteiungen und Konzentrationsübungen völlig frustriert an einen Fluss gelangt. Darin badet eine tantrische Meisterin. Und nach kürzester Zeit gelingt es ihr, die Sinne des Frustrierten auf eine so hohe Ebene zu führen, dass der Asket endlich die gesuchte Wahrheit findet.

Das Wort Tantra kommt aus dem Sanskrit und bedeutet »Gewebe, Kontinuum, Zusammenhang«. Das »Zusammenweben« haben wir bereits im MM-Aspekt gesehen, in der Kunst, Körper, Geist und Seele, Außen- und Innenwelt zu verbinden, und das auf möglichst wirksame Art und Weise.

Maria Magdalena, eine Isis-Priesterin?

Mit einer zu seiner Zeit ziemlich gewagten Geschichte sorgte der englische Romancier D. H. Lawrence vor beinahe 100 Jahren für Aufregung. Er beschrieb eine Begegnung zwischen Jesus und einer Isis-Priesterin, die den Meister in die Geheimnisse der Sexualmagie einführte. Und vielleicht sah er in ihr Maria Magdalena.

Was hat es mit den transzendenten Kräften der Erotik auf sich? Vielen Menschen gelingt es nur beim Sex, sich voll und ganz auf den eigenen Körper zu konzentrieren und offen und hingabebereit zu sein. Deshalb galt die Kraft des Sexus als Schlüssel zur mystischen Ekstase, um den man nicht nur in esoterischen Geheimgesellschaften, sondern unter christlichen Mystikern wusste. »Ein Engel von großer Schönheit hat mich mit seiner Lanze von flammender Spitze bis ins Herz durchstoßen!«, schwärmte die heilige Theresia. Das hört sich ganz nach der erotischen Erlösung durch den Leib an, die Jesus selbst angesprochen hat, auch wenn hier selbstverständlich nicht von einem körperlichen Geschlechtsakt die Rede ist.

Die gewöhnliche Sexualität nimmt hier nur die unterste Stufe der Möglichkeiten ein. Alle anderen Spielarten – von der Imagination bis zum ritualisierten Geschlechtsakt – dienen dazu, die erotische Energie so lange durch den ganzen Körper fluten zu lassen, bis die Chakren in Bewegung kommen. Sie gelten im Tantrismus als »Energieräder«, die mit den wichtigsten Zentren unseres Nervensystems in Zusammenhang stehen. Das Ziel jedes tantrischen Aktes besteht darin, ein Rad nach dem anderen in Bewegung zu versetzen, so lange, bis ihrer aller Energie aktiviert ist.

Der Energiekörper des Menschen bildet die Ausgangsbasis für die Erschaffung einer »Seele«, in esoterischer Terminologie: eines festen und dauerhaften Energiefeldes. Allerdings wurde das ausgerechnet in der Nachfolge jenes Mannes vergessen, der den Körper immer wieder als einen Tempel bezeichnete. 2000 Jahre Scham und Sünde machten dabei vor allem die Frauen in der Nachfolge der Maria Magdalena zu Verliererinnen. Doch der Verlust der Göttin traf auch die Männer, und das in einem viel umfassenderen Sinn als bisher angenommen.

Nach tantrischer Sicht wohnt Shakti, die höchste weibliche Intelligenz, auch in jedem Mann. »Selbst in seinen bescheidensten Bedürfnissen nimmt der Tantriker ihr Wirken wahr«, meint André van Lysebeth. »Nicht für sich selbst, für sein Ego empfindet er Lust: Er spürt und weiß, dass die Shakti durch ihn hindurch Lust empfindet, sich in ihm inkarniert, auch dann, wenn er ein Mann ist.«

Für die Göttin Lust empfinden – das führt uns zurück zum MM-Aspekt, den wir in seiner vollen Tragweite erfassen müssen. Denn nicht nur die Frauen hingen in den letzten 2000 Jahren an einer verstümmelten Gottesvorstellung, sondern auch die Männer. Im Namen einer Göttin und für eine Göttin Lust zu empfinden, ist ganz sicher ein anderes Gefühl, als im Namen des Herrn zu zeugen …

Lust als ein Prinzip, das unserem Körper in allen Bereichen zustehen sollte, ist die erste Stufe des Aufstiegs zu einer völlig anderen Form der Liebe. Genau dafür und gegen die unterdrückte und daher immer wieder ungezügelt ausbrechende Sexualität dürften die Gnostiker gekämpft haben, wenn sie von der Verwandlung im »Brautgemach« sprachen. Eine orgiastische Einstellung zum Leben sollte man nicht mit Sexakrobatik verwechseln, wie es in unserer sexbesessenen Zeit oft der Fall ist. Die Eingeweihten erkannten die Erotik als heilig, weil sie nicht nur die Trennung von Frau und Mann überwindet, sondern weil sie ihnen auch als Himmelsleiter diente. Mit Hilfe des Sexus lässt sich zu höheren Stufen der Lust aufsteigen, um »dieses Licht im Fleisch« zu erlangen, von dem im Philippus-Evangelium im Zusammenhang mit der Auferstehung gesprochen wird. Es ist dieses Licht in unseren Zellen, das uns zu der Rückkehr in andere Dimensionen befähigt – das Geheimnis der Mystik, das echte Religion und echte Erotik in einer ganzheitlichen Erfahrung zusammenschweißt.

Auch hieran sehen wir, wodurch sich die Urreligion auszeichnete: Ausgehend von einfachen Einsichten, führte sie zu den großen Geheimnissen des Lebens, und das galt sowohl bei den Gnostikern wie auch bei den Tantrikern. Bei diesen heißt es: Derjenige, der aufsteigen will, muss sich mit Hilfe der Erde abstoßen. Dies bedeutet nichts anderes, als dass man Dinge dieser Welt nur dann hinter sich lassen kann, wenn man zuvor ihre Schönheit zu genießen verstand.

Heiliger Sex ist wie ein unterirdisch fließender Strom, der sich durch die gesamte Religionsgeschichte zieht. Wie die Gnosis dringt er ans Tageslicht, sobald die Menschen in Freudlosigkeit oder auch in Zügellosigkeit zu versinken drohen. Nicht erst seit gestern werden Maria Magdalena und Jesus mit heiligem Sex in Verbindung gebracht; das war schon im Mittelalter der Fall, als die Geschichte von Maria Magdalena, die den Gral gebracht haben soll, im Süden Frankreichs verbreitet wurde.

Allerdings bleibt die Frage offen, wer sich hinter der Schwarzen Madonna der Kirche verbirgt. In den alten Überlieferungen der Heiligtümer von Chartres und Mont-Saint-Michel wird berichtet, die Jungfrau Maria habe sich nicht gescheut, die Sünderin Maria Magdalena und eine ägyptische Zigeunerin aufzunehmen, die sich die Überfahrt ins Heilige Land durch Prostitution erkauft hatten.

Bis dato ist es ein Mysterium, wer in den großen, von den Templern erbauten Marienheiligtümern Frankreichs nun wirklich angebetet wurde: Magdalena als Mutter der messianischen Nachkommenschaft oder als ewige Geliebte des Messias – oder beides?

Die Geschichte Frankreichs zeigt jedenfalls, dass die Bewegungen gegen die eros- und frauenfeindliche Kirche von dorther aufflammten. In den Ritterhöfen der Provence huldigten die Troubadoure der Liebe und einer unbekannten Geliebten. Im Gralsmythos ist der Kelch das Hauptsymbol, und in ihn wird ein Speer hineingestoßen. In der Languedoc und den angrenzenden Gebieten fand das multikulturelle Leben von Arabern, Juden, Franzosen, Italienern und Spaniern, die Arabisch und Hebräisch studierten, auf Griechisch philosophierten und den verschiedensten mystischen Bewegungen anhingen, ein jähes Ende, als die Verfolgung der Katharer beziehungsweise Albigenser begann.

Letztlich ungeklärt auch bleibt bis heute, warum die *veri christiani,* wie diese sich selbst nannten, verfolgt wurden: wegen eines Wissens um etwaige Nachkommen Jesu oder wegen gewagter sexueller Einweihungsriten. Von den »Vollkommenen« oder »Parfaits« ist bekannt, dass sie ein strenges asketisches Leben führten und die biologische Zeugung als Dienst am »Herrn der Welt« betrachteten. Niemand weiß jedoch, ob die Keuschheit der Katharer nicht eine sublime Form der sexuellen Spiritualität war, in der man mit der Macht des Eros zuerst alle Begierden lebt und dann überwindet, um die erotische Kraft später als »Sprungbrett« zu höheren Ebenen des Seins nutzen zu können.

Überall liegt der Schatten über den Religionen: Während die Göttin im Geheimen ihr immerwährendes Liebesspiel vollzieht, darf sie für den weltlichen Gläubigen nur die Rolle der bekehrten Sünderin Maria Magdalena einnehmen. Im Hinduismus betrachtet man sie als Emanation der Götterdreiheit. In der tibetischen Genesis wurde die Naturgöttin Srinmo als Verkörperung des vorbuddhistischen Tibets in der Hauptstadt Lhasa, der Mitte des Landes, sogar festgenagelt – und bis heute wird dies in einer tantrischen Feier rituell wiederholt.

Neben den leidenden Jesus stellte man die sündige Magdalena. Mit dem Mythos von der schlechten Frau und dem guten Mann stärkte man die eigene Macht. Dabei aber verschwieg man das wichtigste und schönste Geheimnis: dass wahre Liebe nur aus einem lustvollen und erleuchteten Körper entstehen kann und dass wir dazu die Hilfe und die Energie der Göttin benötigen.

Kapitel 10

Hat Er unter uns gelebt?

Ein nützliches Märchen

Hat Jesus überhaupt gelebt? Hat er irgendwann auch nur einen Fuß auf den Staub dieser Erde gesetzt? Das ist eine durchaus berechtigte Frage, der wir uns nun widmen müssen, da wir fast am Ende aller Geschichten rund um den Messias und die Frau an seiner Seite angelangt sind.

Sie mutet als Sakrileg an, doch könnte sie die Lösung vieler ungeklärter Probleme bergen. Unwillkürlich stellt man diese Frage nur zögernd. Schließlich sind wir mit Christkind, Weihnachtsbaum und einer möglichen Erlösergestalt am Ende unserer Tage aufgewachsen. Aber nun ist es Zeit aufzuwachen. Denn nicht nur die Göttin könnte uns im Namen eines strengen Vaters verschwiegen worden sein. Möglicherweise reicht die Geschichtsklitterung durch klerikale Interessengruppen viel weiter. Es gibt tatsächlich Anhaltspunkte dafür, dass die christliche Weltreligion gezielt und bewusst auf einer Geschichte aufgebaut wurde, die sich nie wirklich zugetragen hat.

Damit wären wir Menschen mit einer gefälschten Geschichte, Menschen, die betrogen und denen falsche Leitbilder ins Herz gelegt wurden. Trotzdem ist nichts verloren! Denn eine große Liebe kann durch eine noch größere ersetzt werden. Das Licht am Ende eines in der Tat manchmal sehr dunklen Tunnels kann sogar noch heller werden, wenn man

Mirjam und Jeschua als reine Sinnbilder einer Wahrheit begreift, die für jeden Menschen Gültigkeit besitzt.

Heute erklärt uns die wahre Magdalena, warum ein Jesus, der vielleicht nie existiert hat, viel bedeutender sein kann als jene Jesus-Fabel, über die Papst Leo X. zynisch witzelte: »Dieser Mythos Jesus ist für die Kirche ungemein nützlich.« Und so könnte es gewesen sein: Die kirchlichen Meinungsmacher nahmen einen Mythos, konstruierten daraus ein imposantes, profitables Märchen, an dessen zentrale Gestalt 2000 Jahre lang andächtig geglaubt worden ist.

»Gebt das Heilige nicht den Hunden, und werft eure Perlen nicht den Schweinen vor, denn sie könnten sie mit ihren Füßen zertreten und sich umwenden und euch zerreißen« (Matthäus 7,6). Die Perlen gibt uns Maria Magdalena zurück, und sie versichert uns zudem, dass sie schon immer uns gehört haben. Bis dahin waren sie tief in unserem Unterbewusstsein verborgen. Doch heute haben immer mehr Menschen Ohren, die hören, und Augen, die sehen, und sie können die eigentliche Religion erfahren. Von dort aus ist es nicht mehr weit zu dem göttlichen Funken, den die Göttin im Menschen versteckt hat. Er bildet den Ausgangspunkt, um zu dem Gottmenschen heranzureifen, den Jesus verkörpert.

Wohl nicht zufällig legte man ausgerechnet am Geburtstag des Stifters einer rivalisierenden Weltreligion, des Lichtbringers Mithras, der Welt ein Christuskind in die Krippe. Vielleicht wussten die Eingeweihten seit je: Dieser Jesus ist kein Mensch aus Fleisch und Blut, sondern vielmehr das universelle Symbol für die spirituelle Kraft im Menschen. So kommt es im Evangelium nach Thomas dem Zwilling zum Ausdruck. Hier fragen die Jünger Jesus, wann er sich ihnen offenbaren würde, und erhalten als Antwort: »Wenn ihr eure Scham ablegt und eure Kleider nehmt und unter eure Füße legt, wie die kleinen Kinder, und sie mit Füßen tretet, dann werdet ihr den Sohn des Lebendigen sehen ...« Fügen wir die Stelle aus dem Evangelium der Maria hinzu: »Denn in eurem Inneren wohnt der Menschensohn ...«, dann erahnen wir, was die Scham und die Kleider möglicherweise wirklich bedeuten. Die alte Persönlichkeit, die alten Gewohnheiten und Sitten, kurzum: Das Ego muss abgelegt werden, um zum wahren Selbst vorzudringen, das tief in uns wohnt. Gleichzeitig könnten diese Textstellen aber belegen, dass Thomas, dessen Beiname ja »der Zwilling« war, unter »Jesus« tatsächlich sein eigenes wahres Selbst verstand.

Auch der Begriff des Menschensohns sollte in diesem Zusammenhang nachdenklich machen. Wir wissen bereits, dass er in den Religionen des Altertums den Wechsel vom Matriarchat zum Patriarchat ankündigt und im Sinne politischer Gralssucher sogar als Mittler einer Blutslinie des Hauses David mit dem Messias-Protagonisten Jesus von Nazareth diente. Die Gnostiker aber verwendeten ihn in den Mysterien als Geheimcode für die »zweite Geburt«. Im Philippus-Evangelium findet sich der Satz: »Es gibt den Sohn des Menschen, und es gibt den Sohn des Sohnes des Menschen.« Unmittelbar darauf wird dieser »Menschensohn« zu unser aller Aufgabe: »Der Sohn des Sohnes der Menschen ist der, der durch den Sohn des Menschen geschaffen wird.«

Meine These ist: In verrätselter und vermännlichter Form wird hier von der Kundalini-Kraft gekündet, die im ersten Chakra, dem Energiezentrum am Ende der Wirbelsäule, eingerollt schlummert und dort auf ihre Aktivierung wartet. Die Erweckung dieser Urkraft des Lebens bildete immer schon das Ziel zahlreicher geheimer Gesellschaften. Schon in den Isis- und Osiris-Riten, die prägend für so gut wie alle

Mysterien der Antike waren, finden wir den Brauch, bei der Bestattung eines Menschen die frei werdende Schlangenkraft zu rühmen: »… sein Schlangenführer ist in seiner Brust, eine sehende Seele, ein feuriger Uräus.«

Doch das Geheimnis der Schlange, das Zeichen der Götter und der alten Religion, war nur für die Eingeweihten bestimmt. Deshalb belegte man es mit unterschiedlichen Namen und versteckten Codes. Möglicherweise sogar gab das den Ausschlag für eine monumentale Geschichtsfälschung, bei der das Christentum aus der in uns allen wohnenden göttlichen Energie einen Messias aus Fleisch und Blut machte. Und dabei schimmerte im Kern des Dogmas, im Leben des Fleisch gewordenen Gottessohnes, die gnostische Wahrheit immer noch codiert hindurch.

»Und das Wort ist Fleisch geworden …«, heißt es im Prolog des Johannes-Evangeliums (1,14). Ebenfalls steht geschrieben: »Euch ist das Geheimnis des Reiches Gottes anvertraut; den Außenstehenden aber wird alles nur in Gleichnissen zuteil, damit sie immerfort sehen und doch nicht wahrnehmen« (Markus 4,11). Es fehlt also nicht einmal die Aufforderung, nicht alles so buchstabengetreu wie ein Schulanfänger zu nehmen. Und das beinhaltet in seinem letzten Sinn, die ganze Geschichte des Messias aus diesem Blickwinkel heraus zu betrachten, um die volle Tragweite der Botschaft erfassen zu können. Das heißt: Das Geheimnis des Reiches Gottes ist das wirkliche Jesus-Geheimnis! Es ist das Geheimnis, dass das Reich Gottes potenziell im Menschen angelegt ist!

Die Essener sprachen vom Mysterium eines inneren Messias, wenn sie das Kommen jenes göttlichen Sohnes herbeisehnten, der in jedem Einzelnen auferstehen und alle irdischen Leiden heilen würde. Doch das Christentum machte aus den vielen möglichen Gottessöhnen einen einzigen – und von den Töchtern Gottes ist ohnehin keine Rede. Die mystische Kraft des Messias behielt man für sich und predigte der Masse einen versprochenen äußeren Himmel als Reich Gottes.

Das wirkliche Geheimnis des Reiches Gottes aber ist ebenso einfach wie kompliziert. Blicken wir zurück auf die Sexualmagie. Dort werden höhere Energien durch den Geschlechtsakt zwischen Mann und Frau erzeugt. Noch höhere Energien entstehen dadurch, dass der Mensch das Männliche und Weibliche in sich selbst vereint. Erst wenn Shakti und Shiva gemeinsam in uns tanzen, entwickeln wir uns zu einem ganzen Menschen, der sich eine Seele schaffen kann.

Das Weltbild der Gnostiker stellt es vielleicht noch anschaulicher dar: Während der Abstieg in die Materie durch Differenzierung entsteht und die Kraft sich so lange teilt, bis wir im chaotischen Reich des Herrn der Welt angelangt sind, geschieht beim Aufstieg genau das Gegenteil. Die Reise zurück in das ursprüngliche Reich des Lichts lässt die uranfängliche Spaltung hinter sich, der Mensch wird zu jenem berühmten Eckstein, bei dem die Schöpfung wieder neu beginnt. Das heißt: Wir müssen mit dem Teilen aufhören und ebenso verbindend wirken wie die Tantriker, die Mystiker, Maria Magdalena, eben wie es uns der MM-Aspekt gezeigt hat.

Das erfordert jedoch ein neues Bewusstsein von der Göttin, vom Eros in allen Dingen, von der Liebe – und das Wissen, dass für uns die fundamentale Spaltung diejenige in zwei Geschlechter ist und dass wir sie zu einem fruchtbaren Zusammenspiel und Zusammenfügen auf allen Ebenen nützen können. Erst wenn wir die wahre Weiblichkeit in uns entdecken, folgt die wahre Männlichkeit. Nur durch völlige

Hingabe schaffen wir Transzendenz. Und dann kann die Kundalini, die messianische Schlangenkraft der Eingeweihten, in uns allen auferstehen und das Unten mit dem Oben verbinden.

Die weibliche und männliche Gegenwart Gottes im Menschen war die zentrale Botschaft der alten Traditionen und ist die wichtigste Lehre der Maria Magdalena und des auferstandenen Christus. Das Christentum aber verzichtete nicht nur auf die Göttin, sondern beging auch einen folgenschweren Betrug in Sachen Männlichkeit: Aus dem versprochenen allgegenwärtigen Messias, der uns aufrichten sollte, wurde eine weit entfernte historische Gestalt, vor der es sich auf die Knie zu werfen galt.

Jusu, der Kommende

Der kanadische Hebraist Tom Harpur, der an der Universität von Toronto neutestamentliche Theologie lehrt, schreibt in seinem Aufsehen erregenden Buch *Der heidnische Heiland*, dass die Kirche im dritten und vierten Jahrhundert einen verhängnisvollen Fehler begangen hätte, indem sie eine erhabene Wahrheit popularisierte, »entweder um die weithin ungebildeten Massen in möglichst großer Zahl der Konkurrenz abzujagen oder weil sie bewusst die wahre innere Bedeutung der spirituellen Weisheiten ignorierte, um die sie viel ältere Quellen beerbt hatte.«

Die ältere Quelle macht der Spezialist der frühchristlichen Geschichte in der altägyptischen Religion aus, die schon ungezählte Jahrhunderte vor Christus die Inkarnation des göttlichen Ideals in Gestalt des Iusu zelebrierte. Dieser

Iusu oder Isua galt nach Herodot als einer der acht großen Götter Ägyptens. Das Volk verehrte ihn als den in die Materie eingegangenen Geist, und seine Ankunft wurde als ein ständig wiederkehrendes, symbolisches Ereignis gefeiert. Iusu stand auch für Horus, der unter den Eingeweihten als die auferstandene Inkarnation des Sonnengottes Osiris galt.

Das klassische Thema der Mysterienspiele war auch hier zentral: der göttliche Funke, das Licht des ersten und wirklichen Gottes, das der Mensch in sich erwecken kann, während Körper und Seele als das Fleisch der Göttin betrachtet wurden. Harpur meint, bei den Evangelien handle es sich im Grunde um die alten Manuskripte der dramatisierten Rituale um die Inkarnation und Auferstehung des Sonnengottes Osiris/Horus. Schon der ägyptische Erlösergott feiert seine Auferstehung aus dem eigenen Grabe, und zwar mit den Worten: »Die Göttinnen und die Frauen verkünden mich, wenn sie mich am Horizont der Auferstehung sehen.«

Das führt uns zurück zu Maria Magdalena und dazu, warum auch ihr als Frau die Rolle der Verkünderin einer Auferstehung zugewiesen wurde. Die Mysterienspiele der alten Ägypter führten die metaphysische Einheit der Geschlechter und die Aufhebung der kosmischen Polarität im Göttlichen vor Augen. Indem jüdische Adepten sich daran schulten, vermittelten sie dieselben esoterischen Inhalte in den Kontext des Christentums. Sonst wäre die Geschichte von Jesus und Magdalena ein Konstrukt nach ägyptischer Vorlage.

Angezogen von der uralten, praxisnahen Philosophie, an deren Unerschütterlichkeit heute nur mehr die Pyramiden erinnern, pilgerten auch die Weisen Griechenlands nach Ägypten. Von dort dürfte sich der Glaube an die Inkarnation auf den Weg nach Griechenland, Palästina, Kleinasien, Rom und vielleicht sogar Indien gemacht haben.

Nicht allein Iusu gab es bereits Jahrtausende vor Jesus, sondern auch Meri, die Himmelsmutter und Mutter des Messias. Und dieser Name, der für den Himmel und das Meer steht, erscheint bei den Ägyptern ein zweites Mal: Es ist die göttliche Meri, die den Gottessohn Horus an die Grabstätte des Osiris führt. Neben diesen Parallelen zur Gottesmutter Maria und Maria Magdalena stoßen wir auf eine weitere Übereinstimmung zum Christentum in Form des Gesalbten. Auf vielen Mumiensärgen steht KRST geschrieben, das mit eingesetztem Vokal KRIST, also »salben« bedeutet. Das hebräische Wort »Messias« wiederum heißt »der Gesalbte«.

Magdalena salbte als Stellvertreterin der Göttin Jesus und wurde immer wieder mit einem Gefäß für Salböl dargestellt. Angesichts des großen Mysteriums, der Vereinigung der beiden Geschlechter im Menschen selbst, wird die besondere Bedeutung der Salbung deutlich, die sie in der alten Religion und der Esoterik seit je einnahm: Nur wenn Körper, Psyche und Geist sowie das Weibliche und Männliche im Menschen zur Einheit verschmolzen, kam es zu der Salbung des »verbotenen mittleren Baumes«, welche die Herrlichkeit der zukünftigen Auferstehung versprach. Nach den Vorstellungen der Ägypter verwandelte sich dabei der Leib des Menschen in einen spirituellen Körper, der nach dem Tod verkünden konnte: »Meine Seele ist Gott, meine Seele ist Ewigkeit!«

In der Genesis wird dem Menschen verboten, von der Frucht des Baumes in der Mitte des Gartens zu kosten, weil er dadurch, wie die Schlange sagt, göttlich werden könne. Die Ägypter hingegen sahen darin ihre Chance und kein Tabu. Sie feierten das Aufrichten des Djed-Pfeilers stellvertretend für das Aufrichten des Rückgrats von Osiris als Stütze der Schöpfung und indirekt für das Aufrichten des menschlichen Bewusstseins mit Hilfe der Göttin.

Diese »Aufrichtung« sollte die Auferstehung des Gottessohnes Horus oder Iusu lehren, die, wie Harpur minuziös an vielen weiteren, geschichtlich verbürgten Einzelheiten belegt, doch erstaunlich an das Leben des christlichen Messias erinnert. Tom Harpur stützt sich darüber hinaus auf Forschungen des britischen Ägyptologen Gerald Massey, wenn er die frappierenden Ähnlichkeiten zwischen der Geschichte des Horus und des ihm nachfolgenden Jesus darlegt. Beide wurden unter einem ganz besonderen Stern geboren: In den Evangelien ist er der »Stern im Osten«, in Ägypten der Sirius. Der junge Horus ließ sich im Jordan von Anup dem Täufer taufen, der ebenso enthauptet wurde wie später Johannes der Täufer. In der Biographie beider Gottessöhne fehlt die Zeit zwischen dem zwölften und 30. Lebensjahr. Auch von Horus wird berichtet, dass er danach Wunder wirkte, etwa auf dem Wasser wandelte, Dämonen austrieb und heilte. Die Verklärung des ägyptischen Gottessohnes fand wie die seines hebräischen Nachfolgers auf einem Berg statt. Und beide wurden zwischen zwei Verbrechern ans Kreuz geschlagen.

Als Auferstandener heißt Horus Iusu, »der immer werdende Sohn« von Ptah, dem Vater. Auf seinem Sargdeckel findet sich das bereits erwähnte KRST, das die Christen ebenso übernahmen wie die Glaubensmotive vom guten Hirten, vom Lamm Gottes und vom Menschensohn – alles Beinamen des Horus. Darüber hinaus wurde der ägyptische Heiland bereits vor Jesus als Erlöser gerühmt, als »der Weg, die Wahrheit und das Leben«.

Die Ägypter verstanden ihn als Vorbild, als einen, der in die Welt der Toten niederfährt, sich in die tiefsten Tiefen der Materie begibt und wieder aufersteht. Diese Auferstehung wurde jedoch nicht mit einem fleischlichen Tod in Verbindung gebracht. Sie war eine »Auferstehung im Fleisch«, nicht eine »Auferstehung des Fleisches«. Sie war das Ziel langer Schulungen und Mutproben in den Mysterien und resultierte auch aus der Hingabe des Gottes an die Menschen. Horus war »der Herr«. Und damit symbolisierte der Mythos die Auferstehung des wirklichen und ersten männlichen Prinzips und wurde deswegen von den Frauen am Grab freudig verkündet.

Hier schließt sich der Kreis. Von allen möglichen Jesus-Varianten sind wir zu einer gelangt, die nahezu alle anderen einschließt, verbindet und über allen anderen steht. Jesus als der immer Kommende und Magdalena als immer Wartende offenbaren sich als ein Licht, das im Christentum beinahe verloren gegangen wäre, unter der Oberfläche aber stets vorhanden war. Nun wird auch klar, warum das offizielle Christentum immer im Kampf mit Häretikern, Sekten und geheimen Überlieferungen stand. Die Geheimnisse, die enthüllt hätten werden können, waren viel größer, viel folgenschwerer als etwaige Liebschaften, Kinder und Erben von Jesus. Nicht ein Jesus, der Kinder hatte, sondern einer, der nicht existierte, brächte die Kirche zum Einsturz.

Es wetterte selbst noch im vierten Jahrhundert der erzkonservative Bischof von Salamis, Epiphanus, gegen Ketzer, die ihre ganzen Irrlehren aus dem ableiteten, »... was sich das Evangelium der Ägypter nennt«. Dieses Evangelium könnte der Hintergrund für die christliche Geschichte und für die Überlieferung sein, die Magdalena überbrachte. Denn ebenso gut wie auch Magdalena vielleicht nur die fiktive Figur eines ägyptischen Mysterienspiels war, hätte sie natürlich auch existiert haben können, ohne Jesus: als eine, die die geheimen Lehren des Iusu nicht nur verkündete, sondern auch lebte; als die Magdalena, die den Djed-Pfeiler, den immerwährenden Leuchtturm, in sich selbst verwirklicht hatte.

Vielleicht gab dieses Evangelium der Ägypter auch den Ausschlag dafür, dass der Zerstörungswut der Christen viel von dem alten Wissen des Abendlandes zum Opfer fiel. Fanatische Mönche zerstörten sowohl die Bibliothek in Alexandrien als auch die heilige druidische Akademie in Bibracte, an der 40 000 Studenten die Weisheit des Altertums studierten. Noch im Jahre 1244 vernichtete man in Paris die Werke des jüdischen Philosophen und Eingeweihten Maimonides.

Heute sind es die apokryphen Evangelien, die in der Kirche auf Missbilligung und Ablehnung stoßen. Denn darin finden sich Geheimnisse, um die im Christentum nur sehr wenige wussten. Im gnostischen Philippus-Evangelium heißt es: »Du sagst: ›Der Geist im Fleisch und auch dieses Licht im Fleisch.‹ Auch dieses ist eine Sache, die im Fleisch ist, denn was immer du sagen wirst, du sagst nichts außerhalb des Fleisches. Es ist nötig, in diesem Fleisch aufzuerstehen, da alles in ihm ist.« Dies ist die Enthüllung des Geheimnisses, das die Auferstehung unser aller Aufgabe ist, und zwar hier auf Erden, und nicht die Bestimmung eines historischen Gottessohnes war, dessen Fleisch nach dem Tod wieder zum Leben erweckt wurde.

Die Verdrehung der Auferstehung im Fleisch zu einer Auferstehung des Fleisches, einer Auferweckung von den Toten, wirkte sich auf alles andere aus, so auch auf das Bild der Frauen am Grab. Sie zeugten tatsächlich nicht von einer leiblichen Auferstehung, sondern von dem Geist jener Auferstehung, die sich im Hier und Jetzt mit Hilfe des himmlischen Bräutigams vollzieht. In den gnostischen Schriften geht der Geist daraus als eine Sie hervor. Im Philippus-Evangelium wird Sophia als Mutter der Engel und Salz der Erde bezeichnet. »Sie ist unfruchtbar, und zahlreich sind ihre Kinder.«

Neben die Erlösergestalt des »Sohnes« stellten die Gnostiker also die Kraft, die unsichtbar und unfruchtbar ist und trotzdem alles schafft: Sophia, Isis oder Maria Magdalena. »Bitte deine Mutter, und sie wird dir von den fremden (Dingen) geben«, heißt es im Philippus-Evangelium.

Wer war Lazarus?

Neu definieren könnte sich auch die Rolle des Lazarus, den Jesus von den Toten auferweckt haben und dessen Schwester Maria Magdalena gewesen sein soll, wie beispielsweise die *Legenda aurea* behauptet. In Bezug auf seine Person entbrannte die Frage: War Lazarus der Johannes, jener Jünger, den Jesus besonders liebte?

»Herr, siehe, der, den du liebst, ist krank!« (Johannes 11,3), lassen Marta und Maria, die Schwestern des Lazarus, Jesus ausrichten. Im weiteren Verlauf, als der Meister zum Grab des verstorbenen Lazarus geführt wird, heißt es: »Da weinte Jesus. Die Juden sagten: Seht, wie lieb er ihn hatte!« (Johannes 11,35–36). Diese Textstellen forderten sogar Spekulationen darüber heraus, ob Jesus homophil gewesen sei und zwischen ihm und Lazarus ein intimes Verhältnis bestanden habe.

Schon die Schilderung des letzten Abendmahls lässt die Vorstellung eines »aseptisch-asexuellen Jesus«, wie ihn Rudolf Augstein in seinem Buch *Jesus Menschensohn* bezeichnet, fragwürdig erscheinen: »Es hat aber einer von seinen Jüngern bei Tisch seinen Platz an der Brust Jesu, nämlich der, den Jesus lieb hatte« (Johannes 13,23). Andere Vermutungen gingen dahin, dass es in Wirklichkeit Maria Magdalena gewesen sei, die während des Mahles dem Meister auf diese Weise nahe war.

Angesichts der Symbolik des Iusu ergibt sich indessen eine weitere Hypothese und eine neue Betrachtungsweise der Lazarus-Episode, nach der diese als typische Einweihungsgeschichte anmutet. Demnach hätte für Johannes/Lazarus oder Maria Magdalena der Jesus, an dessen Brust sie lagen, die Bedeutung ihres wahren Selbstes gehabt, analog zu jenem inneren Ideal, das Mysterienschüler unter dem Messias verstanden. Im Johannes-Evangelium spricht Jesus zu seinen Jüngern: »Lazarus, unser Freund, schläft; aber ich gehe hin, um ihn aufzuwecken. Da sagten die Jünger zu ihm: Herr, wenn er schläft, dann wird er gesund werden.« Als die Jünger erfahren, dass Jesus vom Tod des Lazarus gesprochen hat, wollen sie gemeinsam mit Lazarus sterben (11,11–16), obwohl der Meister zuvor versichert hat: »Diese Krankheit wird nicht zum Tod führen, sondern dient der Verherrlichung Gottes: Durch sie soll der Sohn Gottes verherrlicht werden« (Johannes 11,4).

Die Verheißung des Messias ist es, die die schlafenden Jünger, ja, die schlafende Menschheit aufwecken soll, und sie ist damit der unausgesprochene Hintergrund der Liebe zwischen Meister und Schüler. Immer wieder mahnt Jesus, den Schlaf hinter sich und das alte Ich sterben zu lassen. Dies aber führt nicht zum Tod, sondern in das wahre Leben, zu der Erkenntnis des eigentlichen Jesus-Prinzips, was am Ende des Johannes-Evangeliums so formuliert wird: »Dies ist der Jünger, der von diesen Dingen Zeugnis ablegt … und wir wissen, dass sein Zeugnis wahr ist; es gibt aber noch vieles andere, was Jesus getan hat; wollte man alles im Einzelnen aufschreiben, so würde nach meiner Überzeugung die Welt die Bücher nicht fassen, die dann zu schreiben wären« (21,24–25).

Es ist die feste Überzeugung der Mystiker aller Zeiten, dass keine Heilige Schrift der Welt die letzten, die wahren Geheimnisse Gottes fassen könnte. Vielmehr sind es die esoterischen Meisterschulen, in denen für den Adepten aus Wissen Verstehen wird. Die *Legenda aurea* lässt die Annahme zu, dass der Wohnsitz des Lazarus womöglich als Treffpunkt von Mysterienschülern diente. Denn sie beschreibt den Bruder der Maria als reichen Ritter mit einem weltoffenen Haus. Schließen wir uns der Meinung einiger Autoren an, dass Lazarus der Lieblingsjünger Johannes war, dann wäre seine Erweckung von den Toten eine symbolische Auferstehung gewesen und er hätte sein Wissen in dem gnostisch klingenden Evangelium des Johannes weitergegeben.

Interessant ist in diesem Zusammenhang auch der Name Lazarus, die lateinische Form des griechischen »Lazaros«, einer Verkürzung von »Eleazaros« – »Gott hat geholfen« – oder in Hebräisch »Elazar«. Der Name des Osiris wiederum wird ins Hebräische ebenfalls mit Elaser übersetzt, und der ägyptische Gott vollzog ja bekanntlich die Auferstehung von den Toten. Als Eingeweihter hätte Johannes/Lazarus bewusst Brot und Wein in seinem Bericht mit ins Spiel gebracht. Denn beides, das Brot der Göttin und der Wein des Gottes, steht als Symbol für die geistige Androgynität des Menschen, die es zu erlangen gilt, um den Messias auferstehen zu lassen.

Die Spekulation, dass der Eingeweihte Lazarus als Evangelist Johannes seine eigene Geschichte niederschrieb, ist vor allem deshalb interessant, weil man im Christentum vergeblich nach etwas zu suchen scheint, das andere Religionen sehr wohl besitzen. Die Ägypter verfügen über das ägyptische Totenbuch als typisches Einweihungsbuch, die Mayas über ihre Codices, die Chinesen über ihr I Ging. Alle diese Schriften dienen als Anleitung, um höhere Stufen des Bewusstseins zu erlangen und die Möglichkeiten der Seele zu erkennen. Scheinbar fehlt im Christentum ein vergleichbarer Wegweiser des Inneren, aber nur solange man nicht den geheimen Charakter und die eigentliche Botschaft der Johannes-Apokalypse kennt. Dass der Evangelist Johannes als Verfasser der Offenbarung zuweilen angezweifelt wird, kann das direkte Resultat einer falschen Lesart sein.

»Und ich sah einen neuen Himmel und eine neue Erde« (Offenbarung 21,1). Diesen Satz nahm man gerne als Bestätigung für das drohende Endgericht und als Legitimation der Kirche, einen realen Christus zu vertreten. Mit besonderer Vorliebe wird auch jene Stelle aus der Apokalypse vorgetragen, die sich um die Hure Babylon rankt, die Frau, die in Purpur und Scharlach gekleidet ist (17). Nun kennen wir beides bereits aus dem Urchristentum: den neuen Himmel und die sündige Frau, und eine ähnliche Rolle spielen sie in der Offenbarung des Johannes.

Apokalypse ist das griechische Wort für Offenbarung, Enthüllung. Während Christen und asketische Gnostiker gemeinhin daran glaubten, dass die Apokalypse den Weltuntergang aufgrund des Sittenverfalls der Menschheit prophezeie, sahen die Eingeweihten darin den Untergang des persönlichen Ichs. Der neue Himmel stellt dabei den Sonnenkörper dar, der nur mit der Hilfe des guten Gesichts der Göttin, mit

Hilfe des reinsten Äthers und höchster Energien geschaffen werden kann. Das dunkle Gesicht der Göttin zeigt sich im groben, materiellen Bereich: Dort wirkt die Magna Mater als große Hure und schafft den groben menschlichen Körper. Doch sie wird zur Himmelsjungfrau, wenn es um den Aufstieg aus dem Irdischen ins Himmlische geht. Sobald sich der Mensch zum neuen Himmel aufmacht, ist sie die mit der Sonne bekleidete Göttin, die den Körper des Menschen läutert und einen Knaben gebiert (Offenbarung 12,1–5): Iusu, Jesus, Horus oder wie immer man sein eigenes höheres Selbst auch nennen mag.

Bereits 1910 behauptete James Morgan Pryse in seinem Buch *Die Apokalypse entschleiert,* dass die Prophezeiung der Endzeit in Wahrheit der verborgene christliche Schlüssel zum Öffnen des inneren Tempels des Menschen sei. Pryse nahm die geschilderten äußeren Ereignisse der Johannes-Vision als Hinweise auf Veränderungen im menschlichen Körper selbst, in seinem Nervensystem, dem Gehirn und in den Organen.

»Wie oben, so unten«: Nach diesem alten Satz des Hermes Trismegistos spiegelt sich der Makrokosmos im Mikrokosmos wider. Und so spielt die Zwölfheit des Tierkreises in der christlichen Initiationslehre eine ebensolche Rolle wie das Aufsteigen der Kundalini-Kraft durch die sieben Hauptchakren. Diese Chakren wiederum werden in der Offenbarung durch die sieben Städte – ebenso wie durch die sieben Leuchter, Engel, *pneumata*, Siegel, Posaunen und die sieben apokalyptischen Plagen – in ihren verschiedensten Stadien und Funktionen symbolisiert. Verblüffend ist, dass etwa die sieben Städte, an die sich die apokalyptischen Botschaften richten, in ihrer symbolhaften Bedeutung dieselbe Reihenfolge aufweisen wie die Chakren im Yoga.

So entspricht die an erster Stelle erwähnte Stadt Ephesos dem Wurzelchakra am unteren Ende der Wirbelsäule, dem so genannten Sakralganglion. Pryse schreibt dazu: »Eine Stadt, berühmt wegen ihres großen Diana-Tempels, die ›vielbrüstige Mutter‹, die in der Apokalypse erscheint als die ›Frau, bekleidet mit der Sonne, den Mond unter ihren Füßen‹, die Mondgöttin und gleichzeitig die apokalyptische Heldin, welche die regenerative Kraft personifiziert – die *Sushumna*, mystisch die ›Weltenmutter‹ genannt.« Ebenso decken sich die weiteren Städte in den sie charakterisierenden Spezifika mit den entsprechenden Chakren. Demgemäß verkörpert die zuletzt genannte Stadt Laodizea die Zirbeldrüse, das Dritte Auge, das *Sahasrara-Chakra*. Laodizea war bekannt für das »Phrygische Pulver«, ein wirksames Mittel gegen allerlei Augenkrankheiten. Und so heißt es in der Botschaft an den Engel dieser Stadt: »... und kaufe Salbe für deine Augen, damit du sehen kannst« (Offenbarung 3,18).

Die Apokalypse als praktischer Wegweiser und Hinführung zur transzendenten Selbsteroberung, zur Gottgeburt des Menschen: Wie alle Mysterienschulen des Altertums und ähnlich wie die Upanischaden verweist auch die Offenbarung auf eine Entsprechung sowohl des irdischen als auch des Auferstehungskörpers mit kosmischen Gegebenheiten. Deshalb spiegelt sich die Zwölfzahl des Tierkreises in verschiedensten Bildern wider: in den zwölf Früchten am Baum der Erkenntnis oder den zwölf Kräften, den sieben Odems und fünf Winden, die wiederum den hinduistischen *Tattvas* und *Pranas* gleichen.

Der »Körper der Wahrheit«, der Körper des *Anthropos*, wurde in sämtlichen Schulen, die »geheimes Wissen« vermittelten oder zu vermitteln vorgaben, in Analogie zur Zwölfheit des Kosmos gezeichnet. Der Kopf trägt das Zeichen des

Widders, der Hals das des Stieres, die Zwillinge stehen für die Schultern, der Krebs für die Brust, der Löwe für die Taille, die Jungfrau für den Bauch, die Waage für die Scham usw. Der kosmische Körper als Blaupause für den irdischen Körper: Angesichts dieser Zusammenhänge erscheint die Möglichkeit kosmischer und planetarischer Einflüsse auf das Nervensystem des Menschen ebenso wenig befremdlich wie die Behauptung, dass »Auferstehungsarbeit« mit der Vereinigung der Geschlechter zu tun hat.

»Und er zeigte mir einen reinen Fluss aus Lebenswasser, klar wie Kristall, der aus dem Thron des Gottes und des Lammes floss, in der Mitte ihrer Hauptstraße, und auf der einen Seite des Flusses (war der Baum der Erkenntnis) und auf der anderen war der Baum des Lebens, der zwölf Früchte entsprechend den Monaten hervorbrachte, jeder hatte seine eigene Frucht; und die Blätter des Baumes dienten zur Heilung des Volkes ...«, heißt es im letzten Kapitel der Offenbarung (22,1–2). Diese Passage macht deutlich, dass die Kundalini-Kraft erst dann aufsteigt, wenn wir die männlichen und weiblichen Kräfte in uns vereinen. In der Interpretation von Pryse versinnbildlicht die Hauptstraße die Wirbelsäule des physischen Körpers; der Fluss des Lebens und die beiden Bäume symbolisieren die *Nadis*, die Bahnen, in denen die Schlangenkraft der Kundalini nach oben steigt, um im *Sahasrara-Chakra* das Licht der Erleuchtung zu entzünden.

Johannes/Lazarus veranschaulicht damit den alten tantrischen Lehrsatz, dass Shakti und Shiva die zwei Seiten ein und derselben Münze ausmachen. Ohne die Hilfe der Shakti aber bleibt Shiva eine Leiche, weswegen ihr der Platz auf der Vorderseite der Münze zustehen sollte. So wird im letzten Abschnitt der Apokalypse der versprochene Messias mit den Worten beschworen: »Sowohl der Odem als auch die Braut sagen: ›Komm!‹ Wer hört, der rufe: ›Komm!‹« Erst dann lesen wir die Verheißung, welche die einen als Weltuntergang, die anderen als Auferstehung deuten: »Wahrlich, ich komme bald«, heißt es auf den Ruf der Braut hin. Daraufhin wird noch ein zweites Mal gefleht: »Komm, Herr Iesous!«, bevor die erlösende Antwort folgt, die anscheinend nur den Eingeweihten gilt: »Die Gnade des Herrn Iesous sei mit den Heiligen.«

Simon der Magier und die Magie im Christentum

Durch die Umwandlung eines geistigen Prinzips in Fleisch und Blut scheint es nicht nur gelungen zu sein, einen Gott in die Geschichte zu zaubern und aus einer Vielzahl von Mythen eine Fiktion als historische Tatsache zu verkaufen. Geschick bewiesen die Kirchenväter vor allem auch in ihrer Aneignung und Anverwandlung dessen, was das Eigentum anderer war, und nicht zuletzt in der Verteufelung derer, denen sie alles verdankten. Unter diesen Verdammten sticht Simon Magus hervor, jener Samariter, der als die »Große Kraft Gottes« gerühmt wurde und vermutlich um 65 n. Chr. in Rom starb. Die meisten Christen kennen ihn nicht, obwohl wahrscheinlich er es ist, der das historische Vorbild für ihre Vorstellung des historischen Jesus lieferte.

Was gab eigentlich vor etwa 2000 Jahren den Ausschlag dafür, dass aus diversen Kulten und Religionen rund um das östliche Mittelmeer zwei Gestalten namens Jesus und Maria Magdalena hervortraten, auf denen man eine neue Weltreligion aufbaute? War es ein historischer Jesus, der so sehr faszinierte, oder die Gnosis, welche die Seelen der Menschen in ihren Bann zog? Einen weiteren Anstoß gab wohl die Magie, die sich in grundlegenden Riten des Christentums verbirgt und die ihre Wurzeln ebenso in der Religion der Alten hat.

Das von Iusu verkörperte erwachte Selbst wurde auch als Magus bezeichnet, und diejenigen, welche die Energie der Erleuchtung nutzten, galten nicht nur als Heilige, sondern auch als Magier. In Ägypten gab es Magierschulen, die den Namen Iusu für ihre Anrufungen verwendeten. Und die chaldäischen Magier zogen viele gebildete Menschen der damaligen Welt nach Babylon, ins Zentrum der Magie, weil sie sich als etwas ganz Besonderes bezeichneten: als »Söhne der Götter«.

Die Gottessohnschaft wurde in der Magie als der Dreh- und Angelpunkt aller Wunder betrachtet. Damit zeichnet sich ab, dass der Glaube der Magier auch auf die jüdische und christliche Tradition Einfluss nahm. Im Alten Testament nennt Gott Israel seinen Sohn, den er aus Ägypten rief (Hosea 11,1). Im Neuen Testament ruft Gott seinen Sohn abermals aus Ägypten, nachdem sich die Heilige Familie vor Herodes dorthin geflüchtet hatte (Matthäus 2,19–20). Morton Smith behauptet in seinem Buch *Jesus der Magier,* dass die drei Hauptlinien in den neutestamentlichen Evangelien – Jesu Wunder, seine Anhänger wegen dieser Wunder und seine Rolle als Sohn Gottes – die enge Verbindung zwischen magischer Praxis und Religion aufzeigen.

»Am Abend, als die Sonne untergegangen war, brachte man alle Kranken und Besessenen zu Jesus. Die ganze Stadt war vor der Haustür versammelt, und er heilte viele, die an allen möglichen Krankheiten litten, und trieb viele Dämonen aus. Und er verbot den Dämonen zu reden; denn sie wussten, wer er war« (Markus 1,32–34). Jesu Herrschaft über die Dämonen kommt in allen Evangelien zum Ausdruck. Hier soll ein weiteres Beispiel genügen: »Wenn die von unreinen Geistern Besessenen Jesus sahen, fielen sie vor ihm nieder und schrien: Du bist der Sohn Gottes!« (Markus 3,11). Doch Jesus beanspruchte die Wunderheilungen nicht für sich allein: »Da sagte Johannes: Meister, wir haben gesehen, wie jemand in deinem Namen Dämonen austrieb, und wir versuchten, ihn daran zu hindern, weil er nicht mit uns zusammen dir nachfolgt. Jesus antwortete ihm: Hindert ihn nicht! Denn wer nicht gegen euch ist, der ist für euch.« Einmal zeigt sich der Meister sogar sehr ungehalten, als seine Jünger einen besessenen Jungen nicht zu heilen vermögen: »O du ungläubige und unbelehrbare Generation! Wie lange muss ich noch bei euch sein und euch ertragen?« (Lukas 9,41). Interessant ist auch die Behauptung der Pharisäer über Jesus: »Er treibt böse Geister durch den Herrscher der Dämonen aus« (Matthäus 9,34).

Morton Smith legt anhand ägyptischer Papyri dar, dass sich die großen Magier, die »Söhne Gottes«, bei ihren magischen Handlungen der Hilfe von Dämonen bedienten. Im Koran steht geschrieben, dass sich König Salomo dämonische Wesen, genannt Dschinn, dienstbar machte (Sure 34:12–14). Und Allah spricht: »Und die Dschinn und die Menschen habe Ich nur dazu erschaffen, dass sie Mir dienen« (Sure 51:56). Demgemäß erfahren die Dschinn auch eine positive Bewertung. So zeigte sich Mohammed zunächst bestürzt über den Vorwurf, von nur einem Dschinn besessen zu sein. Auch die Juden meinten, dass Jesus von einem Dämon besessen sei (Johannes 7,20 und 8,52).

Ursprünglich stammt das Wort vom griechischen *daimon* ab und heißt wörtlich übersetzt »Schutzgeist« oder »Schutzengel«. *Daimon* wiederum leitet sich vom griechischen *daimonion* her, dem Wort für »Schicksal« oder »Gewissen«. Im antiken Griechenland sah man in den Dämonen dienende Kräfte und die begleitende Umgebung der einzelnen Kultusgötter. Darüber hinaus galten sie in der Dämonologie als Geistwesen, die jedem Menschen von Geburt an zugesellt wurden und ihn auf seinem Lebensweg begleiten. Einwirkung der Dämonen äußerte sich zum Schutz und Heil, aber auch zum Schaden der Menschen. Daraus entwickelte sich die Vorstellung, dass jeder Mensch zwei Dämonen besäße, einen guten und einen bösen. Allgemeiner Glaube war aber auch, dass von dem Dämon jedes Einzelnen Gutes oder Böses ausginge, dass der Dämon des einen mächtig oder wohlwollend, der des andern schwach oder übelwollend sei.

In Anlehnung an die Aussagen ägyptischer Quellen, wonach die Dämonen im Dienste der Magier standen, erkennt Morton Smith die traditionellen Muster magischer Handlungen in sämtlichen Wundertaten Jesu wieder. Sei es bei den diversen Heilungen und Exorzismen, sei es, wenn er die unreinen Geister in Schweine fahren lässt (Matthäus 8,25–34; Markus 5,1–17; Lukas 8,26–37), dank einer Brotvermehrung 4000 beziehungsweise 5000 Menschen speist (Matthäus 14,13–21, 15,32–39; Markus 6,32–44, 8,1–10; Lukas 9,10–17; Johannes 6,1–13), den Sturm beruhigt (Matthäus 8,26; Markus 4,39; Lukas 8,24) oder den Feigenbaum verdorren lässt (Matthäus 21,19; Markus 11,14.21).

Diese magischen Handlungsmuster lassen sich auch im Bericht des Johannes über das letzte Abendmahl ausfindig machen. Dort heißt es: »Es war vor dem Paschafest. Jesus wusste, dass seine Stunde gekommen war, um aus dieser Welt zum Vater hinüberzugehen. Da er die Seinen, die in der Welt waren, liebte, erwies er ihnen seine Liebe bis zur Vollendung. Es fand ein Mahl statt, und der Teufel hatte Judas, dem Sohn des Simon Iskariot, schon ins Herz gegeben, ihn zu verraten und auszuliefern« (13,1–2). Später fragt der Jünger an der Seite Jesu nach dem Verräter: »Jesus antwortet: Der ist es, dem ich den Bissen Brot, den ich eintauche, geben werde. Dann tauchte er das Brot ein, nahm es und gab es Judas, dem Sohn des Simon Iskariot. Als Judas den Bissen Brot genommen hatte, fuhr der Satan in ihn. Jesus sagte zu ihm: Was du tun willst, das tu bald!« (13,26–27).

Zunächst ist der Verrat also nur ein Gedanke. Wirklichkeit wird er erst dann, als Judas das von Jesus überreichte Brot isst, woraufhin der Teufel in ihn fährt. Die Zaubersprüche der ägyptischen Magier wiederum beschreiben, dass man durch die Nahrung einen Dämon schicken könne. Gleichfalls sah Morton Smith das Brot als »unerkannte Waffe«, um Judas das prophezeite Programm ausführen zu lassen.

Immer wieder sind wir dem Brot und dem Wein begegnet. Die abschließende und alles verbindende Bedeutung offenbart die Magie. Verwunschene Nahrung gilt als der größte aller Liebeszauber. Denn Speis und Trank wurden seit je mit dem Körper und dem Blut der Götter gleichgesetzt. Darum verwendeten die Magier Brot und Wein, um sich mit ihrem Gott zu vereinen. In dem *Demotic Magical Papyrus of London and Leiden* heißt es: »Man vermische verschiedene Ingredienzien in einem Becher und spricht darüber: ›Ich bin der Abydos … wofür das Blut des Osiris Zeugnis ablege … als er in diesen Becher gegossen wurde, dieser Wein. Gib es, Blut des Osiris, dass … das Blut von dem Magier … bewirke, dass sie Liebe zu ihm im Herzen fühle, die Liebe, die Isis für Osiris fühlte, als sie allenthalben nach ihm suchte.‹« Diese Wandlung erinnert an die christliche Eucharistie, auch wenn dort die Göttin Isis nicht erwähnt wird. »Während des

Mahls nahm er das Brot und sprach den Lobpreis; dann brach er das Brot, reichte es ihnen und sagte: Nehmt, das ist mein Leib. Dann nahm er den Kelch, sprach das Dankgebet, reichte ihn den Jüngern, und sie tranken alle daraus. Und er sagte zu ihnen: Das ist mein Blut, das Blut des Bundes, das für viele vergossen wird«, lautet die Version des Markus-Evangeliums (14,22–24).

Der heiligste Ritus der christlichen Welt könnte also aus einem alten ägyptischen Zauberbuch stammen! Und die Verbindung von Magie und Religion erklärt vielleicht auch die Faszination, welche die junge Religion des Christentums auf die damaligen Menschen ausübte. Wer die Kraft Gottes in sich erweckte, vermochte nicht allein den Dämonen zu befehlen. Ihm wurde auch jene Botschaft zuteil, welche die Mysterien lange Zeit nur an die Eingeweihten weitergaben. »Öffne dich mir Himmel ... denn ich bin ... der Erbe der Götter...«, heißt es in den magischen Papyri. Darin bestand wahrscheinlich die Anziehungskraft der Magier und der gnostischen Verkündigung. Denn die Hoffnung der menschlichen Seele auf Erlösung ist, frei vom »Herrn der Welt« zu sein, von all dem, was wir bewusst und unbewusst im Namen des chaotischen und widerspenstigen Sohnes der Sophia tun.

Der Menschensohn vollbrachte dieses Meisterstück, doch was seine Person anbelangt, schieden sich die Geister. G. R. S. Mead wies darauf hin, dass noch bis ins vierte Jahrhundert eine große Verwirrung zwischen den Titeln Chrestos und Christus herrschte. Christus, das griechische Wort für »der Gesalbte«, gebrauchten diejenigen, die glaubten, Jesus sei der jüdische Messias. Das aber leugneten vor allem die Marcioniten, die größte gnostische Bewegung. Sie verliehen »das Prädikat Chrestos einem Vollkommenen, einem Heiligen«.

Nun galten in der damaligen Zeit vor allem zwei Personen in den Ländern der Levante als heilig: zum einen Marcion, der Gründer der Marcioniten. Er war ein reicher Reeder, der im Alter danach strebte, der Welt den wahren Glauben zu bringen, und dabei eine unglaubliche Geschichte schuf, wie wir noch sehen werden. Zum anderen Simon Magus, der das irdische Vorbild für den christlichen Messias abgegeben haben könnte. »Wir erklären, dass diese und ähnliche Werke, die Simon Magus ... und alle Häretiker ... gelehrt oder geschrieben haben ... auf ewig verdammt sind«, soll Papst Gelasius im fünften Jahrhundert verkündet haben.

Diese Verkündigung vollendete alle Beschlüsse des Konzils von Nicäa und bedeutete gravierende Einschnitte in der Geschichte. Mit der Verdammung des Simon Magus ging einerseits ein langer Kampf zwischen dessen Anhängern, zu denen beinahe alle gnostischen Richtungen zählten, und der römischen Kirche zu Ende. Andererseits verschwand mit dem Magier der echte Wegbereiter, der als Chrestos das Ziel der Vollkommenheit verkörperte, wieder von der Bildfläche der äußeren Geschichte.

So sehen wir uns damit konfrontiert, dass es den historischen Jesus Christus, wie ihn die Kirche verkündet, möglicherweise gar nicht gab, sehr wohl aber einen Träger des Messias-Titels: den von der Kirche auf ewig verdammten Gnostiker Simon. Begibt man sich auf die Spuren des Magiers aus Samaria, entdeckt man, dass die Kirchenväter zwar viel und gern über diesen Mann schimpften, den sie als Vater aller Gnosen bezeichneten. Nach dem christlichen Schriftsteller und Märtyrer Justin jedoch war Simon von Gitta eine Persönlichkeit, der ganz Samaria mit großer Ehrfurcht begegnete.

Eingehender beschäftigte sich eine authentische historische Quelle mit Simon: der römisch-jüdische Historiker Josephus Flavius. Er erwähnt die Christen nur am Rande, und die einzige Stelle über Jesus bei ihm gilt heute als nachträglich eingefügt. In seinen *Jüdischen Altertümern* nennt er Simon Magus einen Vertrauten des römischen Landpflegers Felix, welcher um die Mitte des ersten Jahrhunderts in Palästina im Amt war und unter dessen Regentschaft viele Aufständische gekreuzigt wurden. Simon jedoch nicht. Denn laut Josephus bediente sich Felix gerne seiner Liebeszaubereien, um die schöne Drusilla zu überreden, seine Frau zu werden.

Diese magischen Fähigkeiten des Mannes aus Samaria sind schon deswegen interessant, weil er sie von jemandem übernommen haben könnte, der im Neuen Testament eine wichtige Rolle spielt: Simon galt nicht nur als Zauberer, sondern auch als der begabteste Schüler des Täufers. Scheinbar hat er ihm sowohl seine Ausbildung als auch seinen Ruf zu verdanken. Die *Pseudoclementinen* erzählen, dass sich Simon beim Tod des Johannes im Ausland befand. Als er zurückkehrte, entflammte ein Streit zwischen ihm und einem anderen Schützling des Täufers, der in der Zwischenzeit die Leitung übernommen hatte. Dabei schlug Dositheos mit einem Stock auf Simon ein. Und als dieser Stock durch den Leib des Magiers hindurchging, ohne diesen zu verletzen, soll Dositheos erschrocken ausgerufen haben: »Du bist der Stehende, so will auch ich dir huldigen.« Der »Stehende« aber war der Ausdruck für den Messias, für das ewig Unwandelbare im Menschen.

Die Beziehung zwischen Simon Magus und Johannes dem Täufer bringt uns einer möglichen Lösung der Jesus-Geschichte näher. Denn das Bild des Simon erweist sich als so ambivalent, dass sich die Frage aufdrängt, ob Iusu, jener Gott, der in Simon »lebte«, das Vorbild für den Namen Jesus abgab, während das Leben des Mannes aus Samaria bewusst in das Leben des Mannes aus Nazareth umgewandelt wurde. Für den inneren Kreis aber blieb wohl der zweite Name des Simon der ausschlaggebende: Magus bedeutet nicht nur Magier, sondern auch der Große, derjenige, der zur höchsten Welt hinführt. Darin waltet nach dem simonischen System der wirkliche, der unerkannte Gott.

Diese Unterteilung in die irdische Welt des Demiurgen und in das Reich des wahren Schöpfergottes dürfte jedoch schon vor Papst Gelasius der Kirche nicht ins Konzept gepasst haben. Denn unter Konstantin I. begann der Mithras-Kult im Römischen Reich an Einfluss zu verlieren. Er verband sich ebenfalls mit einer Einweihung, worin der »zum Sohn« Gewordene in das Reich der Sonne eintritt. Die Gelegenheit war günstig, eine neue Ära einzuläuten, mit einem einzigen Gott, einem irdischen Messias und einer irdischen Kirche. Und in solchen Zeiten pflegt man gerne einiges zu verfälschen, wie auch schon im Falle der Maria Magdalena und der Göttin. So wurde aus dem Mann, der vielleicht das Vorbild für den Messias der letzten 2000 Jahre abgab, der »Erstgeborene des Satans«.

Die Turmjungfrauen und ein erfundener Paulus

»Erstgeborener des Satans«: Diese Bezeichnung führt uns ein weiteres Stück weiter. Es trägt dieser Satan auch den Namen Luzifer, »Lichtbringer«, und er wäre nicht die erste verketzerte und verteufelte Gestalt, die Licht ins Dunkel einer langen Geschichte von Fälschungen und Verdrehungen brächte.

Nach den pseudoclementinischen Erzählungen war nicht nur Simon ein Schüler des Täufers, sondern auch seine Gefährtin Helena. Sie ist eine der drei bekannten Turmjungfrauen. Jesus hatte seine Maria Magdalena, Simon seine Helena und Paulus seine Thekla: ein Dreiergespann, das die Lösung weiterer Rätsel in sich bergen könnte.

Der Ausgangspunkt der Messias-Erwartung liegt in Ägypten, in Gestalt des Iusu, mit seinem weiblichen Gegenpart Meri an der Seite. Simon und Paulus sowie Helena und Thekla folgten ihnen nach. Sie brachten den Eingeweihten um die Zeitenwende die Mysterien der Urreligion nahe, lebten vor, dass der Gott immerfort mit der Göttin tanzt.

Der Antagonismus zwischen dem frauenfreundlichen Jesus und dem frauenfeindlichen Kirchengründer Paulus hat einen doppelten Haken: nicht nur dass Jesus womöglich nie existiert hat, sondern selbst auch Paulus nicht. Ziehen wir dazu nicht die Häretiker, sondern die Theologen zu Rat. In ihren Kreisen begann man im 19. Jahrhundert Fragen rund um die Person des heiligen Paulus zu stellen. Der Tübinger Theologe F. C. Baur äußerte die Meinung, dass nur vier der paulinischen Briefe anerkannt werden dürften, nämlich der Galater, der Römer- und die beiden Korinther-Briefe. Kurz darauf erklärte der Neutestamentler Bruno Bauer, dass alle Paulus-Briefe gefälscht seien und sogar, dass Jesus überhaupt nicht gelebt habe. Eine Folge war, dass das Enfant terrible der damaligen Theologie 1842 seines Amtes enthoben wurde.

Die Diskussion über beide Themen ließ sich aber nicht unterdrücken. Vor allem die holländische radikale Schule leugnete im 19. Jahrhundert die Echtheit der Paulus-Briefe und die Existenz Jesu. Einer, der in jüngster Zeit die Fragen von Baur und der Holländer wieder aufgriff, ist der Theologe Hermann Detering. In seinem Buch *Der gefälschte Paulus* geht er ausführlich auf die Gestalt des Simon Magus ein. Dabei wird ersichtlich, dass dieser Schüler des Täufers nicht nur ein Feind der jüdischen Apokalypsen war, sondern auch und vor allem ein Dorn im Auge der Kirchenväter.

Das klingt selbst in der Apostelgeschichte durch. Dort begegnet uns der Magus auf eigentümliche Weise: »Ein Mann namens Simon lebte schon länger in der Stadt; er trieb Zauberei und verwirrte das Volk von Samarien, da er sich als etwas Großes ausgab. Alle hörten auf ihn, Jung und Alt, und sie sagten: Das ist die Kraft Gottes, die man die Große nennt. Und sie schlossen sich ihm an, weil er sie lange Zeit mit seinen Zauberkünsten betörte. Als sie jedoch dem Philippus glauben schenkten, der das Evangelium vom Reich Gottes und vom Namen Jesu Christi verkündete, ließen sie sich taufen, Männer und Frauen. Auch Simon wurde gläubig, ließ sich taufen und schloss sich dem Philippus an; und als er die großen Zeichen und Wunder sah, geriet er außer sich vor Staunen« (8,9–13). Wir halten fest: Simon wird als Zauberer bezeichnet, doch als eigentliche Zauberer gehen aus dieser frommen Geschichte die Apostel hervor.

Als Johannes und Petrus in Jerusalem von der Aufsehen erregenden Bekehrung in Samarien hören, reisen sie dorthin. »Als Simon sah, dass durch die Handauflegung der Apostel der Geist verliehen wurde, brachte er ihnen Geld und sagte: Gebt auch mir diese Macht, damit jeder, dem ich die Hände auflege, den Heiligen Geist empfängt. Petrus aber sagte zu ihm: Dein Silber fahre mit dir ins Verderben, wenn du meinst, die Gabe Gottes lasse sich für Geld kaufen. Du hast weder einen Anteil daran noch ein Recht darauf, denn dein Herz ist nicht aufrichtig vor Gott. Wende dich von deiner Bosheit ab, und bitte den Herrn; vielleicht wird er dir dein Ansinnen vergeben. Denn ich sehe dich voll bitterer Galle und Bosheit. Da antwortete Simon: Betet ihr für mich zum Herrn, damit mich nichts von dem trifft, was ihr gesagt habt« (8,18–24). Damit endet die neutestamentliche Erzählung über den Simon Magus.

Auffällig an diesem Bericht – und auch ein wenig zum Schmunzeln – ist, dass ausgerechnet der samaritanische Gnostiker Geld für die Gabe Gottes anbietet und es zudem anderen überlässt, für ihn zu beten. Dabei lag das Hauptaugenmerk der Gnostiker auf Selbsterlösung, und es ist wenig glaubwürdig, dass ausgerechnet einer der berühmtesten Gnostiker für sein Seelenheil beten ließ. Als unfreiwillige Ironie aber muss man es wohl sehen, wenn Simon Petrus, der Fels, auf dem die reichste Institution der Welt gebaut werden sollte, Simon Magus einer angebotenen Spende wegen zum Teufel jagt! Sinn und Zweck dieses offensichtlichen Tendenzberichtes war es wohl, ein für alle Mal klarzustellen, dass den Menschen nur durch die Macht der Apostel der Heilige Geist verliehen wird. Das alles passte wunderbar ins Konzept der zukünftigen Amtskirche.

In den apokryphen Petrusakten geht der Kampf weiter. Ihr legendarischer Bericht über den Tod des Simon Magus erzählt, dass Simon vor Kaiser Claudius Zauberei treibt und sich in die Luft erhebt, um seine Göttlichkeit zu beweisen. Unterdessen betet Petrus zu Gott, dem Höhenflug mit gebotener Strenge und Barmherzigkeit gleichermaßen Einhalt zu gebieten: »Doch möge er nicht sterben, sondern bloß unschädlich gemacht werden und sich den Schenkel an drei Stellen brechen. Und Simon stürzte vom Himmel und brach sich den Schenkel an drei Stellen. Da warfen alle Steine auf ihn und gingen heim und vertrauten von nun an Petrus.«

Und so geschah es: Die Kirche erhob sich zur Stellvertreterin Gottes auf Erden, und Simon wurde vergessen. Dass aber das Leben des Mannes aus Samaria ein Vorbild für die uns überlieferte Jesus-Biografie gewesen sein könnte, lässt auch Hippolyt, erster Gegenpapst von Rom (217 bis 235), erahnen. Er berichtet, dass sich Simon Magus von seinen Schülern lebendig eingraben ließ, um nach drei Tagen als Messias aufzuerstehen. Angemessenerweise lässt Hippolyt die Behauptung folgen, dass diese Auferstehung aber schon deshalb nicht stattgefunden habe, weil Simon eben doch nicht der Messias gewesen sei.

Bei Irenäus (circa 135 bis 202), einem wichtigen Begründer der christlichen Dogmatik und Verfasser eines maßgeblichen Gnosis-feindlichen Werks, lesen wir: »Bei dieser Gelegenheit mussten wir ihn (Simon) erwähnen, um dir zu zeigen, dass alle, die wie auch immer die Wahrheit fälschen und gegen die Predigt der Kirche verstoßen, Schüler und Nachfolger des Magiers Simon aus Samaria sind. Zwar verschweigen sie den Namen ihres Lehrers, um die Übrigen irrezuführen, aber dennoch, was sie sagen, ist seine Lehre, und Christi Jesu Namen führen sie betrügerisch im Munde« (Irenäus XXVII, 1.2.4).

Festzuhalten bleibt: Viele Gnostiker waren Anhänger des Mannes aus Samaria und sahen in ihm den einen Botschafter des Chrestos-Prinzips. Irenäus gibt auch Grundzüge seiner Lehre wieder, wonach Simon Magus den Chrestos/Logos Folgendes sagen ließ: »Weisheit war die erste Eingebung meines Geistes, sie ist die Mutter des Alls ... Diese Idee, die von mir ausging und die den Willen ihres Vaters kannte, fuhr hinab in die niederen Regionen und erzeugte die Engel und Kräfte, durch die wieder die Welt gemacht wurde ... Ich selbst bin ihnen vollständig unbekannt.« Diesen unbekannten Christus wollte Simon offenbar den Menschen vertraut machen, denn der Kirchenvater zitiert weiter: »Ich kam aber ... um sie von ihren Fesseln zu befreien und den Menschen die Erlösung durch meine Gnosis zuzusichern« (Irenäus Haer I, 23.2.3).

Die Gnosis des Magus beinhaltete also das Wissen um die weibliche Gottheit und die Idee, dass »Engel und Kräfte« die Welt fest im Griff haben. Doch diese Mächte verwalten sie so schlecht, dass aus ihr ein »Bordell« ward. Dieses wiederum verkörperte Helena, die Begleiterin des Magus, die nicht nur eine Schülerin des Täufers war, sondern auch eine Hure. Mit ihrem Namen verweist die Nachfolgerin der ägyptischen Meri auf die griechische Göttin der Weisheit. Gleichzeitig stellt Helena die gefallene Sophia und die Sünderin dar, die sich ebenso wieder aufrichtet wie Maria Magdalena.

Strukturell dieselbe Rolle spielt die relativ unbekannte Thekla des Paulus. In der offiziellen christlichen Überlieferung wird sie nicht erwähnt, sehr wohl aber in den apokryphen Paulusakten. Dort zeigt sie sich wie ihre beiden Schicksalsgenossinnen zunächst als gefallene Seele, indem sie buhlerisch aus einem Fenster schaut. Als sie jedoch eine Predigt des Paulus hört, sehnt sie sich nach einem Leben in Keuschheit, wofür sie auf Forderung der eigenen Mutter verbrannt werden soll. Paulus jedoch errettet sie. Und so kann sie ihrer wahren Berufung folgen und das Wort Gottes verkünden.

Was wie eine Liebesgeschichte anmutet, war für die Eingeweihten sowie für den holländischen Theologen Quispel der gnostische Mythos schlechthin: Es war die Göttin der Weisheit, »die kosmogonische Potenz, die auf dem Turmhaus der Welt stehend, das Urlicht aufleuchten ließ …« In seinem Werk *Gnosis als Weltreligion* bezeichnet der von C. G. Jung beeinflusste Theologe Helena, Thekla und Maria Magdalena als »Turmjungfrauen« und gleichzeitig als Bild der menschlichen Seele, die seit Urzeiten darauf wartet, befreit zu werden.

Die innere Verwandtschaft von Thekla und Helena brachte zunächst Baur und später Detering auf die Idee, dass sich Simon Magus auch hinter der Person des Paulus verbergen könnte. Detering bezweifelte nicht nur die Echtheit der Paulus-Briefe. Er fand auch heraus, dass sich weder die Missionstätigkeit des Paulus noch seine Beziehung zur Jerusalemer Gemeinde nachweisen ließ. Er war überzeugt: Dieser zusätzliche Apostel, der sich über den historischen Jesus ausschwieg und nach seiner Erleuchtung erst einmal drei Jahre nach Arabien gegangen sein soll, kann kein Mensch aus Fleisch und Blut gewesen sein.

Sieht man sich, wie Johannes Lehmann in seinem Buch *Die Jesus GmbH*, die Person des vermeintlichen Kirchengründers genauer an, wird ein gespaltener, soll heißen ein gnostischer und ein christlicher Paulus erkennbar. Gnostische Züge zeigt er, wenn er in Athen predigt: »Athener, nach allem, was ich sehe, seid ihr besonders fromme Menschen. Denn als ich umherging und mir eure Heiligtümer ansah, fand ich auch einen Altar mit der Aufschrift: EINEM UNBEKANNTEN GOTT. Was ihr verehrt, ohne es zu kennen, das verkünde ich euch. Gott, der die Welt erschaffen hat und alles in ihr, er, der Herr über Himmel und Erde, wohnt nicht in Tempeln, die von Menschenhand gemacht sind. Er lässt sich auch nicht von Menschen bedienen, als brauche er etwas: er, der allen das Leben, den Atem und alles gibt. Er hat aus einem einzigen Menschen das ganze Menschengeschlecht erschaffen, damit es die ganze Erde bewohne. Er hat für sie bestimmte Zeiten und die Grenzen ihrer Wohnsitze festgesetzt. Sie sollten Gott suchen, ob sie ihn ertasten und finden könnten; denn keinem von uns ist er fern. Denn in ihm leben wir, bewegen wir uns und sind wir, wie auch einige von euren Dichtern gesagt haben: Wir sind von seiner Art. Da wir also von Gottes Art sind, dürfen wir nicht meinen, das Göttliche sei wie ein goldenes oder silbernes oder steinernes Gebilde menschlicher Kunst oder Erfindung« (Apostelgeschichte 17,22–29).

Die Abschiedsrede des Paulus in Milet dagegen klingt ganz nach dem Kirchengründer: »Ihr wisst, wie ich vom ersten Tag an, seit ich die Provinz Asien betreten habe, die ganze Zeit in eurer Mitte war und wie ich dem Herrn in aller Demut diente unter Tränen und vielen Prüfungen … Ich habe Juden und Griechen beschworen, sich zu Gott zu bekehren und an Jesus Christus, unseren Herrn, zu glauben … Nur das bezeugt mir der Heilige Geist von Stadt zu Stadt, dass Fesseln und Drangsale auf mich warten. Aber ich will mit keinem Wort mein Leben wichtig nehmen, wenn ich nur meinen Lauf vollende und den Dienst erfülle, der mir von Jesus, dem Herrn, übertragen wurde: das Evangelium von der Gnade Gottes zu bezeugen … Gebt acht auf euch und auf die ganze Herde, in der euch der Heilige Geist zu Bischöfen bestellt hat, damit ihr als Hirten für die Kirche Gottes sorgt, die er sich durch das Blut seines eigenen Sohnes erworben hat« (Apostelgeschichte 20,18–28).

Einerseits präsentiert sich uns ein euphorischer Paulus, andererseits ein asketischer Saulus, der immer wieder über den Pfahl in seinem Fleisch klagt und dem Christentum ein Jammertal namens Erde hinterlassen hat. Eine Erklärung dafür finden wir vielleicht bei Detering. Er berichtet, dass

Paulus, den die Kirche als inneren Lichtbringer rühmt, so lange unbekannt blieb, bis die Paulus-Briefe ausgerechnet in den Händen des zweiten Erzfeindes des Christentums auftauchten. »Nun aber, da Marcion den Brief des Paulus an die Galater entdeckt hat ...«, jubelte Tertullian auf der christlichen Seite. Und auch die Marcioniten behaupteten, dass es ihr Führer gewesen sei, der zumindest einen der Paulus-Briefe entdeckt habe.

Nun beruhte vor allem in den ersten zwei Jahrhunderten sowohl die Legitimation der Christen als auch die der Gnostiker auf authentisch erscheinenden Urkunden. Es könnte also sein, dass Marcion selbst die Briefe verfasste, um nach dem Vorbild des verschleierten Simon Magus eine popularisierte Version des Messias-Glaubens zu begründen. In diesem Fall wäre anhand des tatsächlichen Lebens des Magus die fiktive, gnostisch inspirierte Geschichte des heiligen Paulus entstanden, die später von den Drehbuchautoren der Kirchengeschichte in ihrem Sinn umarrangiert und zu einem Grundstein der Kirche wurde.

Geht man der Reihe nach vor, dann hört sich die Geschichte vereinfacht so an: Während Simon Magus in der äußeren Kirche verschwiegen wurde, weil er zum Vorbild des Jeschua geworden war, erkannten die Gnostiker in ihm ihren Meister, der das Chrestos-Prinzip in sich selbst verwirklicht hatte. Etwa 100 Jahre nach Simon Magus kam dann Marcion, dessen Vater Bischof war, auf die Idee, die geheimen Lehren des Simon in Briefen niederzuschreiben und sie an die große marcionitische Gemeinde im Namen des Paulus zu schicken. »Ich lebe nicht mehr, sondern Christus lebt in mir«, schreibt Paulus im Galater-Brief (2,20).

Aussprüche wie diese unterstützen die Theorie, dass Marcion seine eigenen Schriften nach dem Vorbild des Mannes aufbaute, der für die äußere Kirche zum »Erstgeborenen Satans« werden sollte. Marcion selbst erging es im Übrigen nicht besser. Kurze Zeit, nachdem er der römischen Kirche die ersten Saulus/Paulus-Briefe und ein großzügiges Geldgeschenk überbracht hatte, wurde er 144 n. Chr. exkommuniziert. Die marcionitische Kirche verschwand von der Bildfläche. Tertullian behauptet in einem Werk gegen den Marcionismus von ihr, dass sie die ganze Welt erfüllt habe. Zurück blieb die Kirche des Paulus – und die Pointe, dass sie womöglich gleich in doppelter Hinsicht auf Simon Magus zurückzuführen ist. Detering schreibt: Marcion, der Jünger des Simon, sei für die Katholiken der reich beladene Fruchtbaum gewesen, dem sie, indem sie ihn plünderten, ihren Paulus zu verdanken hätten. Der gnostische Urgrund der Paulus-Briefe ist indessen nach wie vor erkennbar.

Schon aus kirchenpolitischen Gründen musste sich der Hass der Kirchenväter gegen Marcion richten. Die einflussreichsten Autoren des zweiten und dritten Jahrhunderts wie Tertullian, Irenäus oder Eusebios schrieben mit ihrer ganzen antihäretischen Wut gegen ihn an, um zu vertuschen, dass die sich etablierende römische Kirche im Grunde genommen nur ein geistiges Abfallprodukt der Gnosis war. Ein Jesus, der in jedem Menschen lebt und von jedem Menschen verwirklicht werden kann, braucht keine Kirchen und keine Kirchenväter.

In den Händen der Kirche wurde aus der ursprünglichen gnostischen Befreiungsreligion der so genannte Neue Bund mit Gott, dem Herrn. Die Briefe des Kirchengründers bekamen einen apodiktischen und gesetzesgläubigen Zug, der dem Charakter des Saulus widerspricht. Saulus heißt »der Erbetene« und erinnert deshalb an Iusu und das Reich Gottes. Doch der kirchliche Code erzählt noch mehr: den Grund, warum Saulus, für dessen historische Existenz es nicht den geringsten Beleg gibt, nicht erst seit seiner Bekehrung zum »Paulus« wurde, sondern von Anfang an »auch Paulus heißt« (Apostelgeschichte 13,9) – ja, Paulus heißen musste. Dieser Name bedeutet im Lateinischen »klein« beziehungsweise »Winzling«. Für Detering ist das neben vielen anderen versteckten Hinweisen einer der wichtigsten Belege dafür, dass die Figur des Paulus nach dem Vorbild des Simon geschaffen wurde. Denn bei Josephus wird der Magier aus Samaria unter anderem mit dem Beinamen »atomos« bedacht, dem griechischen Wort für »Winzling«.

Daneben könnte dieses »klein« auf jenen »kleinen« Kreis aufmerksam machen, der die wahren Hintergründe kannte. Doch Theologen führen noch weitere Beispiele an, die für die Identität des Apostels mit dem Magier sprechen. Beide gelten nicht nur als Visionäre, Wundertäter und Missionare. Sowohl von Simon als auch von Paulus heißt es, dass sie klein, hässlich und vermutlich auch aussätzig waren.

Hier rückt die Frau aus Magdala wieder ins Blickfeld, weil auch bei den Fußsalbungen Simon in zweifacher Gestalt auftritt. Während Lukas die Salbung Jesu im Haus des »Pharisäers Simon« stattfinden lässt, (7,36–50), ist es bei Matthäus (26,6–13) ebenso wie bei Markus (14,3–9) das Haus »Simons des Aussätzigen«: »Als nun Jesus in Bethanien im Haus Simons des Aussätzigen war, kam, während er bei Tisch saß, eine Frau, die ein Alabasterfläschchen mit kostbarem Nardenöl hatte …«

Es ist die bereits erwähnte Stelle, wo Jesus prophezeit: »Überall, wo die Heilsbotschaft in aller Welt verkündet wird, wird man von dem sprechen, was diese Frau getan hat, zu ihrem Gedächtnis« (Markus 14,9). Doch erst mit dem Wissen um die Rolle der Turmjungfrauen in den Schriften wird klar, dass die Evangelienschreiber wohl nicht aus Zufall oder durch Schlamperei die Salbung des Herrn an zwei verschiedenen Orten stattfinden ließen: das eine Mal im Haus des Pharisäers, des »Heuchlers« Simon, durch die anonyme Sünderin, das andere Mal im Haus Simons des Aussätzigen durch die wohlhabende Frau, hinter der wir bereits Maria, die Schwester des Lazarus und der Marta, vermuteten.

Auch hier stoßen wir also auf einen versteckten Code, den wir ebenso bei Saulus-Paulus finden: Saulus, der »Erbetene«, wird nicht ohne Grund erleuchtet und bekommt dann den Namen Paulus, der »Kleine« – und damit eine Verbindung zu dem anderen Kleinen, zu Simon Atomos, dem Winzling, dem Aussätzigen. So hat man ungeachtet aller Verdrehungen dafür gesorgt, dass durch kleine pharisäische Kunstgriffe und scheinbare Abweichungen innerhalb der einzelnen Geschichten die Wahrheit zwischen den Zeilen durchschimmert: die Hinweise auf die Existenz eines geheimen Vorbildes für die Figur des Messias, des wirklichen Magus, dessen Magie und Botschaft mit der Gestalt des Paulus weitergegeben wurden.

Die Drehbuchschreiber wussten um das Spiel vor und hinter der Bühne. Deshalb wird Saulus in seiner Rolle als Christenverfolger just vor dem Erscheinen Simons von Samaria in der Apostelgeschichte erwähnt und erst dann bekehrt, nachdem Simon Petrus den Simon Magus – vielleicht in Erinnerung an den Reichtum des Marcion – mit den Worten »... dein Geld fahre mit dir ins Verderben!« verflucht hat. Nach dieser Erleuchtung kurz vor Damaskus wird er endgültig und ausschließlich zum Paulus, zu jenem »Kleinen«, der nun dem eben verdammten Simon Atomos ebenbürtig ist. Darum darf Paulus dem äußeren Kreis der Gläubigen im ersten Brief an die Korinther verkünden: »... zuallerletzt aber ist er gleichsam als der Fehlgeburt (= meiner unzeitigen Geburt) auch mir erschienen« (15,8).

In der Tat ist der Kirchengründer von ziemlich eigenartiger Geburt, falls die Theorie »Paulus stellvertretend für Simon, kreiert von Marcion« zutrifft. Die Vermischung von Wahrheit, Halbwahrheit und Lüge, die wir nun erkennen, lässt den Schatten über der Welt des christlichen Glaubens und der christlichen Kirchen überdeutlich hervortreten. »Milch habe ich euch zu trinken gegeben, nicht feste Speise; denn die konntet ihr noch nicht vertragen...«, heißt es im selben Korinther-Brief (3,2).

Wie es aussieht, hilft uns Maria Magdalena nicht nur dabei, die »Geheimnisse Gottes« zu entschlüsseln. Durch sie vermag man auch das schwer enträtselbare Drehbuch des Christentums zu verstehen. Aber was bleibt nun von der Jesus-Geschichte? Schließlich sagten wir doch: Dieser Mythos ist der unsere! Der Weg des Jeschua und der Mirjam ist der, den jeder Mensch geht! Bleibt etwa nur dieses: Die unbekannten Drehbuchschreiber des zweiten und dritten Jahrhunderts mussten sich die Geschichte des Kindes, in dem sich das Göttliche inkarniert, ausdenken, weil es die geeignete Geschichte für eine Menschheit mit kindlichen Seelen war? Heute aber wollen wir nicht länger das Wasser der Paulus-Verfälscher, sondern den Wein erfahrener Transzendenz trinken. Und wir wollen unsere wirkliche Abstammung wissen.

Maria Magdalena gibt uns die Hoffnung der Gnosis wieder, als deren Stellvertreterin sie spricht. Wer in den Himmel will, muss sich mit Hilfe der Erde abstoßen, hieß es im Kapitel über die Sexualmagie. Gleiches gilt auch jetzt, da wir auf der einen Seite vielleicht desillusioniert zurückbleiben, auf der anderen aber von der Zukunft viel erwarten können. Denn wenn wir die Märchen hinter uns lassen und mit wachen Augen sehen lernen, erkennen wir das Licht. Und dieses Licht ist uns nun wahrhaftig gebracht worden: das wahre Selbst, das schon immer auf uns gewartet hat.

Philippus bezeichnet es als das wahre Geschlecht: »Und man nennt diesen Ort das ›auserwählte Geschlecht‹ ... und den ›wahren Menschen‹ und den ›Sohn des Menschen‹ und den ›Samen des Sohnes des Menschen‹. Das ›wahre Geschlecht‹ nennt man es.« Diese Begriff teilt uns sehr genau mit, was die Gnostiker zu ihrem inneren Aufbruch veranlasste: dass diejenigen, die um ihre wahre Abstammung wissen, nicht mehr dem Herrn der Welt zu Füßen liegen müssen – weder in einer Kirche, weder vor einem Papst noch vor einer anderen äußeren Autorität.

Das wahre Geschlecht erzählt uns aber noch mehr, nämlich dass es trotz aller Widersprüchlichkeiten, trotz eines womöglich fiktiven Jesus und einer möglicherweise ebenso fiktiven Maria Magdalena doch ein irdisches Geschlecht gegeben hat, in dem zumindest das Messias-Geheimnis, das Mysterium vom Reich des wirklichen Gottes auf dieser Welt, weitergegeben wurde. Denken wir nur an die mysteriösen Göttersöhne, die sich in der Genesis (6,1–4) mit den Töchtern der Erde vermischten, an das Sinnbild des Sirius, der über der Geburt des Horus wachte, und des Morgensterns über der Krippe des Jesus-Kindes. Die Geheimnisse des wahren Geschlechts von Jesus dürften weit über die Geheimnisse der Merowinger und der »Prieuré de Sion« hinausgehen, dürften Himmel und Erde verbinden und Licht in das Dunkel der Ursprünge der Menschheit bringen.

Zuallererst aber verweist uns diese Geschichte auf uns selbst und auf das, was uns die Turmjungfrauen lehren wollen. 2000 Jahre lang hat man auf einen äußeren und vielleicht sogar auf einen inneren Messias gehofft. Man hat Christus und Chrestos verwechselt, Paulus erfunden und den Magier versteckt. Dabei aber wurde etwas sehr Wichtiges und Notwendiges vergessen, wovon Jesus und Maria Magdalena heute aufs Neue künden: Die Ankunft des Messias ist noch immer möglich – aber sie verlangt zuerst die Ankunft der Göttin!

Kapitel 11

Göttinnen und Götter seid ihr!

Warum der Täufer geköpft werden musste

»Götter seid ihr!«, spricht Jesus im Johannes-Evangelium, doch mit dieser Aussage fand er im offiziellen Christentum kaum Beachtung. Ist es nicht auch Größenwahn und Blasphemie, mindestens Vermessenheit, von der Göttlichkeit des Menschen zu sprechen?

Schon Jesus sollte wegen Gotteslästerung gesteinigt werden, als er sich als göttlich bezeichnete. Er verteidigte sich mit den Worten: »Heißt es nicht in eurem Gesetz: ›Ich habe gesagt: Ihr seid Götter!‹? Wenn er jene Menschen Götter genannt hat, an die das Wort Gottes ergangen ist, dürft ihr dann von dem, den der Vater geheiligt und in die Welt gesandt hat, sagen: ›Du lästerst Gott‹ – weil ich gesagt habe: ›Ich bin Gottes Sohn!‹?« (Johannes 10,34–37)

Damit bezog er sich auf den 82. Psalm. Dort steht Gott »in der Versammlung der Götter« und hält »im Kreis der Götter Gericht«. Wegen deren Ungerechtigkeit gegen die Völker auf Erden verurteilt er sie: »Wohl habe ich gesagt: Ihr seid Götter, ihr alle seid Söhne des Höchsten! Doch nun sollt ihr sterben wie Menschen …« Offensichtlich ist hier die Rede von ursprünglich unsterblichen Göttern, die zur Sterblichkeit, wie vergängliche Menschen, verurteilt werden. Auf

Göttersöhne, die sich an der Schönheit der Menschentöchter erfreuten und sie zu Frauen nahmen, sind wir ja bereits in der Genesis (6,1–4) gestoßen.

Worum eigentlich geht es: um Götter, die zu Menschen absinken, oder um Menschen, die zu Göttern aufsteigen? Aus gnostischer Sicht gibt es hier kein Entweder-Oder, sondern nur eine Antwort: beides – und darin liegt die Chance und die Gefahr des Menschseins!

Die Gefahr drückt der 82. Psalm aus: Die Götter verfallen dem Dienst am Herrn der Welt und zerfallen als Überirdische, werden damit zu sterblichen irdischen Wesen.

Jesus hingegen zeigt die Chance auf, indem er seinen Ausspruch »Götter seid ihr!« auf die Menschen bezieht. Er meint damit unsere wahre Abstammung, verweist damit auch auf das Wissen der Mysterien um unsere Herkunft im Geist und das Ziel unserer Lebensreise. Letztendlich lüftet er so das innerste Geheimnis der Gnosis: dass wir uns nicht mit dem wankelmütigen Gebilde zufrieden geben dürfen, das wir so leichtfertig als Seele bezeichnen. Die bildhafte Sprache der Gnosis aufnehmend, könnte man sagen: Wir müssen aus einem kaum die Blößen bedeckenden, abgewetzten, löchrigen und schmutzigen Kleidchen eine goldene Abendrobe weben, die uns als Göttinnen und Götter kleidet. Dies ist das mystische »Kleid der Seele«, welches so hohe Energien speichert, dass es uns in andere Dimensionen aufsteigen lässt. Gleichnishaft spricht davon auch das koptische Thomas-Evangelium. Dort fragt Maria Magdalena Jesus: »Wem gleichen deine Jünger?« Jesus bezeichnet sie daraufhin als kleine Kinder, die sich auf einem Felde niedergelassen hätten, das nicht ihnen gehöre.

Die Seele oder das »astrale Feld«, das ein Mensch in Übereinstimmung mit seinen persönlichen Schwingungen schafft, ist der Kristallisationspunkt des Menschseins. Die in vergangenen Leben mehr oder minder ausgeprägte Seele befördert uns an den Platz auf Erden, der unserem Karma entspricht. Die Energie unseres astralen Feldes bestimmt unseren Gesundheitszustand, unsere Gefühle und unser Denken. Und die Seele wiederum ist es, die uns in den Himmel zurückbringt, in die »vielen Wohnungen im Hause des Vaters«, die den Hierarchien der Gnostiker entsprechen.

Ein Glaube an Schuld und Sühne stiehlt der Menschheit die Chance auf ihre eigene Göttlichkeit. Jener aufrechte Gang, der das Alpha und das Omega des Messias-Prinzips und damit einer wirklichen Seele ist, wurde uns nicht gelehrt. Doch der Ruf der Gnosis holt uns ein.

»Und das Licht leuchtete in der Finsternis, doch die Finsternis hat es nicht ergriffen!«, heißt es in echter gnostischer Redeweise im Prolog des Johannes-Evangeliums (1,5). Für die Ketzer, die Gnostiker, die Katharer, die Templer und Freimaurer war Johannes stets der Bewahrer der inneren Geheimnisse – »er, den der Herr mehr liebte als alle anderen«.

Doch man kennt ja noch einen zweiten Johannes, nämlich den Mann aus der Wüste, der Jesus taufte. In den kirchlichen Evangelien finden wir die bemerkenswerte Aussage, dass in Jesus die Kraft des Täufers wirke. Als sich Herodes nach Jesus erkundigt, bekommt er die Antwort: »Johannes der Täufer ist von den Toten auferweckt worden, darum sind die Wunderkräfte in ihm wirksam« (Markus 6,14–16). Wie nun soll diese Energieübertragung von Johannes auf Jesus funktioniert haben?

Auf der Bühne erscheint Salome, die verführerische Tochter der Herodias. Sie gab bekanntlich den Ausschlag dafür, dass die Kräfte des Täufers in Jesus fuhren, indem sie von Herodes als Belohnung für ihren Tanz forderte: »Ich möchte, du gäbest mir gleich jetzt auf einer Schüssel den Kopf Johannes des Täufers!« (Markus 6,25). Bis zur Hälfte seines Reiches (Markus 6,23) hatte Herodes ihr geboten, doch sie entsprach mit ihrer Forderung dem Wunsch ihrer Mutter, Johannes der Täufer möge getötet werden. Eine Bitte, die Herodes nicht gern erfüllte, »weil er ihn als gerechten und heiligen Mann kannte« (Markus 6,20). So das Geschehen vor der Kulisse. Was sich hinter der Bühne abspielt, enthüllt uns Salome, wenn wir sie als Turmjungfrau verstehen.

Die Verbindung zwischen Maria Magdalena und der rätselhaften Salome erkannte schon Quispel. Und so betritt insgeheim Maria Magdalena die Bühne, deutet auf das Haupt des Täufers, das in jeder Aufführung der Oper »Salome« weltweit feierlich vorgezeigt wird, und flüstert uns zu: Das geheime Drehbuch für den christlichen Glauben wurde – in verschlüsselter Form – sogar noch öffentlich inszeniert! Nicht nur Maria Magdalena, Helena und Thekla verraten uns die Geschichte in der Geschichte, auch Salome verkündete seit je, dass die wirkliche Botschaft, die Botschaft des Täufers, eben »um einen Kopf kürzer gemacht« wurde.

Wir haben es mit einem Drehbuch zu tun, das gleichsam einen doppelten Boden besitzt: ein Schauspiel für die äußere Bühne und einen dahinter versteckten Code für die Wahrheit. Just am Geburtstag des Lichtbringers Mithras legen die Regisseure das Jesus-Baby in die Krippe und geben die Heiligen Drei Könige als Träger von Hintergrundinformation mit: Bei Matthäus sind es Weise, die auch als Magier bezeichnet werden und aus dem Morgenland kommen, um den Stern des neugeborenen Königs aufgehen zu sehen. Lukas macht aus ihnen Hirten. Bei Markus dagegen wird ein Bote geschickt, um die Wege des Herrn zu bereiten, nämlich Johannes der Täufer. So hält sich dieser Evangelist erst gar nicht mit der

Geburt auf, sondern beginnt mit der Taufe Jesu, der zwar aus Nazareth kommt, aber wie aus dem Nichts in die Geschichte tritt. Johannes aber schlägt von vornherein einen mystischen Ton an: »Es trat ein Mann auf, von Gott gesandt, sein Name war Johannes; dieser kam, um Zeugnis abzulegen, Zeugnis von dem Licht ... Das Licht war da, das wahre, das jeden Menschen erleuchtet ...« (1,6–10).

Zunächst sticht ins Auge, dass die vier Evangelisten der Geburt des göttlichen Kindes ganz unterschiedliche Beachtung schenken. Eine mögliche Erklärung dafür hat der Gurdjieff-Schüler John G. Bennett. In seinem Buch *Die Meister der Weisheit* postuliert er, dass die Evangelien bewusst für verschiedene Menschengruppen geschrieben worden seien. Während Markus die eher kindlichen Seelen ansprechen sollte, war Johannes für die Erleuchteten gedacht. Lukas schrieb im Hinblick auf die alte Tradition der Göttin und legte das Augenmerk auf die jungfräuliche Mutter Gottes. Das Matthäus-Evangelium sollte alle Welten zusammenführen. Deswegen finden wir dort die drei Magier aus dem Morgenland, die uns auch als »Könige« überliefert wurden. Für die Eingeweihten wurden die drei Weisen an die Wiege des Gotteskindes gestellt, weil sie ein neues Gottesbild für ein neues Zeitalter der Fische schufen. Bennett glaubte an geheime Meister der Weisheit, die der Menschheit mit der Idee des Jesus-Prinzips die Botschaft der Liebe als eine neue Form spiritueller Energie bringen wollten.

Licht ins Dunkel bringt möglicherweise die Rolle des Täufers, der Jesus den Weg bereiten sollte. Er taufte wohl alle unsere Protagonisten: den Messias, den Simon Magus, die Helena und vielleicht auch Maria Magdalena. Und wie definierte er selbst seine Rolle? »Ich bin die Stimme dessen, der in der Wüste ruft: ›Ebnet dem Herrn den Weg!‹« (Johannes 1,23).

Dann wurde er der Bibel nach geköpft, doch dabei merkwürdig schnell und sehr augenfällig. Harald von Mendelsohn bringt in *Jesus – Rebell oder Erlöser?* gute Gründe dafür vor, dass der Täufer Jesus eine geraume Zeit überlebt haben müsse. Der Kampf des Mannes aus der Wüste gegen Herodes begann nach historischen Unterlagen im Jahr 35 n. Chr., und erst ein Jahr später scheint er in der Festung Machaerus hingerichtet worden zu sein – allerdings ohne dass eine Salome seinen Kopf gefordert hätte. Die berühmte Dame war nämlich zu der Zeit, in die man sie gerne als männerverschlingende Tänzerin hineinversetzt, tatsächlich längst die Königin des weit entfernten Klein-Armenien.

So entpuppt sich Salome als Turmjungfrau, die uns den Weg zu den Mysterien weist: Das abgeschlagene Haupt des Johannes ist ein Symbol dafür, dass die Botschaft vom ursprünglichen Licht im übertragenen Sinne des Wortes »geköpft« wurde und – solcherart verstümmelt – nicht begriffen werden kann. Die Menschen sind dem doppelbödigen Drehbuch nicht auf die Schliche gekommen, sondern haben sich auf das Schauspiel vor dem Vorhang verlassen. Dort agierten Jesus und Maria Magdalena in verfälschten Rollen für ein Publikum, das eine ganz bestimmte Geschichte erzählt bekommen sollte – und wollte.

Aber selbst darauf haben uns die Drehbuchautoren aufmerksam gemacht, indem sie durch Johannes den Übergang von der alten zur neuen Religion ankündigten. »Ja, ich sage euch: Unter den von Frauen Geborenen gibt es keinen Größeren als Johannes; aber der Kleinste im Reich Gottes ist größer als er«, heißt es bei Lukas (7,28). Ein wenig später tut sich der endgültige Wechsel kund: »Das Gesetz und die Propheten reichen bis auf Johannes; von da an wird das Reich Gottes durch die Heilsbotschaft verkündet, und ein jeder drängt sich mit Gewalt hinein« (Lukas 16,16).

Moderne geheime Meister

Die Geschichte in der Geschichte von Johannes dem Täufer erzählt davon, dass die größte Offenbarung durch Menschen kommt, die in ihrer eigentlichen Bedeutung unerkannt bleiben. Genau dies ist Bennetts These: Seit je gibt es verborgene Gruppen, die Einfluss auf den Lauf der Geschichte nehmen und immer dann eingreifen, sobald die Entwicklung der Menschheit es erfordert.

Folgen wir Bennetts These, dass ein innerer Kreis von Eingeweihten die Geschicke der Menschheit beeinflusst, wird dann heute ein ähnliches Spiel auf die Bühne gebracht, wie einst in Bethlehem? Wieder wird den Menschen das geheime Wissen angeboten, wieder keimt die befreiende Hoffnung auf Selbsterlösung auf. Stammt sie vielleicht sogar aus derselben Quelle, die einstmals die drei Magier an die Wiege eines Messias für ein neues Zeitalter schickte?

Ganz offensichtlich lebt gnostische Substanz in bedeutendem Maße in der heutigen Esoterik fort. Ihre buntschillernden Ausprägungen überschneiden sich, widersprechen sich nicht selten auch, doch wollen sie alle auf dasselbe Ziel hinaus: die Erlösung des Menschen mit Hilfe höherer Energien. Helena Petrowna Blavatsky, die Begründerin der Theosophischen Gesellschaft, übernahm ihre Idee von einer versteckten Hierarchie, welche die Menschheit führt, nicht zuletzt aus den gnostischen Schriften des Pseudo-Dionysios

Areopagita. Auch sie behauptete, im kommenden neuen Zeitalter würde die Menschheit alle Probleme gemeinsam mit verborgenen Meistern lösen.

Die Ideenwelt der Theosophie besagt, dass es Menschen und Gruppen gibt, die den Aufstieg in höhere Dimensionen schaffen. In diese Richtung dachte auch Rudolf Steiner, der ursprünglich ein Anhänger Blavatskys war. Auch die Anthroposophie, eine sonst eher praktisch orientierte Lehre, behauptet, dass der Mensch durch die Entwicklung all seiner Fähigkeiten Verbindung zu höheren Ebenen aufnehmen könne. Wie sich die Gnostiker dem Aufstieg der Seele widmeten, so bildet auch bei den Anthroposophen der Ätherleib das oberste Ziel. Um diesen zu entwickeln, bedarf es eines besonderen Lebens, nicht unähnlich dem, wie es einst die Essener führten.

Auch die Schule des griechisch-armenischen Mystagogen Gurdjieff will dem heutigen Menschen in einer modernen Sprache uraltes Wissen vermitteln. Nach ihrer Auffassung vollzieht sich die Schöpfung des Alls aus einem siebenstufigen Schöpfungsstrahl mittels einer stufenartig abfallenden Energie. Die Erde liegt am unteren Ende der Skala und der Mensch findet sich damit in einer fast ausweglosen Situation bezüglich seiner eigenen Entwicklungsmöglichkeiten wieder: als Gefangener seiner Konditionierungen, die ihn in ein unbewusstes, geradezu roboterhaftes Dasein führen. Gurdjieffs Aufruf zur Selbst-Erinnerung und zur Entwicklung einer eigenen Seele durch »bewusste Arbeit und absichtliches Leiden« wirkt wie eine zeitgemäß adaptierte Einladung, den gnostischen Weg zu gehen. Sich aus der Abhängigkeit vom »Herrn der Welt« zu befreien und zum wirklichen Sein zu gelangen, war auch Gurdjieffs Anliegen.

Als Gleichberechtigung in esoterischen Kreisen noch ein Fremdwort war, betonte er, dass Frauen dieselben Entwicklungschancen wie Männer hätten, weil es einzig und allein darum gehe, die männliche Kraft des Intellekts und die weibliche Kraft des Gefühls in sich selbst zu vereinen, um so die eigentliche schöpferische Kraft zu verwirklichen. Als Praktiker der Menschenführung erkannte er, dass viele Menschen deswegen nie erwachsen werden, weil ihnen zur Entfaltung aller Möglichkeiten der »ergänzende Typ des anderen Geschlechts« fehlt. Pure Gnosis stellt seine Auffassung zur Wiederverkörperung und zur Existenz der Seele dar: »Bevor wir von der Wiederverkörperung sprechen können, müssen wir wissen, von welchem Menschen wir sprechen, von welcher Seele und von welcher Wiederverkörperung«, liest man in den *Gesprächen* mit seinen Schülern. »Nach dem Tod kann sich eine Seele sofort auflösen oder aber erst nach einer gewissen Zeit. Zum Beispiel kann eine Seele sich in den Grenzen der Erde kristallisieren und dort verbleiben, gleichwohl für die Sonne nicht kristallisiert sein.«

Als moderner Abgesandter der Urphilosophie spricht er hier von dem, was die Gnostiker mit ihren Hierarchien und ihren »Klimata« anzeigen wollten. Im Evangelium der Maria heißt es: »Vom dritten Klima befreit, setzte die Seele ihren Aufstieg fort. Sie erblickte das vierte Klima. Das hatte sieben Gestalten: Die erste Gestalt ist Finsternis; die zweite die Begierde; die dritte die Unwissenheit; die vierte die tödliche Eifersucht; die fünfte die Herrschaft des Fleisches; die sechste der törichte Wahn; die siebte die arglistige Klugheit. Dies sind die sieben Gestalten des Zorns, welche die Seele mit Fragen bedrängen: ›Woher kommst du, Menschentöterin? Wohin gehst du, Raumüberwinderin?‹ Die Seele antwortete und sprach: ›Was mich bedrängte, ist beseitigt worden; was mich umstellte, ist verschwunden, meine Begierde ist nun besänftigt, und ich wurde von meiner Unwissenheit befreit.‹«

In diesem kurzen Text macht Maria Magdalena klar: Alles, was wir bis heute als Sünden betrachtet haben, sind Energiezustände mit eigenen Ausstrahlungen. Vor allem aber zeigt sie uns wieder einmal, dass die Seele das eigentliche Ziel jeder Entwicklung darstellt. Sie kann zur »Menschentöterin« werden, wenn sie kaum entwickelt ist und wir in den Gefilden der Finsternis landen. Die voll entwickelte Seele aber geht als siegreiche »Raumüberwinderin« hervor, die in die ursprüngliche Heimat aufsteigt. Das erwirken wir jedoch nur, wenn unser Inneres nicht mehr aus wahllos hin und her wallenden Emotionen besteht, sondern jene Festigkeit – in der Sprache Gurdjieffs »Kristallisation« – erreicht, die der Energie der höchsten Hierarchien standhält. Diese Kristallisierung meint das Schaffen eines »Goldenen Körpers«, des eigentlichen »Kleides der Seele«.

Wir wollen bewusste und vielleicht sogar göttliche Menschen werden, aber wir schreiten nicht so zielgerecht voran, wie es unsere Möglichkeiten eigentlich erlauben würden. Wie Sophia und wie Maria Magdalena fallen wir und richten uns immer wieder auf. Doch ohne die entscheidenden Hürden zu nehmen, geschieht dies so lange, bis wir uns gänzlich mit unserem gesellschaftlich geprägten Roboter-Dasein abfinden: dem Ego, das im schlimmsten Fall sein höheres Selbst vergisst und ausschließlich zu einem Diener des Herrn der Welt wird. Der Teufelskreis des Demiurgen betrifft aber nicht nur Einzelne. Er wird zum Schicksal der gesamten Menschheit, wenn diese nicht weiß, wie sie ihm entkommen soll.

Es ist die Schaffung einer eigenen Seele, die sowohl Maria Magdalena als auch Gurdjieff und die gnostische Tradition überhaupt für notwendig erklären. Dies ist die »Auferstehung«, für die man »in diesem Leben sterben« muss.

Sie hat es also in sich, die Weisheit, auf deren Spuren wir uns mit Hilfe der Frau aus Magdala gemacht haben. Und vielleicht wird das Thema Maria Magdalena heute nicht nur deswegen so massiv in Büchern, Zeitschriften und Filmen behandelt, weil sie uns als Geliebte des Gottessohnes in den Bann zieht, sondern weil sie als Botschafterin eines uralten Wissens fungiert, das einem neuen Zeitalter neue Vorzeichen geben will. Gegenwärtig befinden wir uns in der eigenartigen Situation, dass wir zwar über alle Mysterien »verfügen«, aber nicht viel mit ihnen anzufangen wissen. Denn was uns fehlt, ist der Schlüssel dazu.

Es ist die Göttin, die ihn uns wieder in die Hand gibt. Als Botschafterin des Geheimwissens und Verwirklicherin des wahren Lebens agiert die weibliche Kraft in Form der Göttin. Mithilfe einer höheren femininen Kraft außerhalb und innerhalb unserer selbst entkommen wir den unerbittlichen Gesetzen des Herrn der Welt. Es ist die Göttin, die uns lehrt, wie wir die energetischen Schwachstellen in unserem Leben überwinden können. Denn die Zeiten des männlichen Kämpfens sind vorüber. Genau das ist die Kehrtwende, die wir heute zu vollziehen haben: nicht mehr fordernd auf die Dinge zugehen, sondern sie in uns eindringen lassen, empfänglich werden für die Energien, die uns erschaffen haben und am Leben erhalten.

Doch bevor wir zur Umwandlung unseres Körpers und in eine andere Dimension schreiten, müssen wir schleunigst die Hausaufgaben dieser Erde erledigen und sie zu dem »Paradies« machen, das die Göttin vorgesehen hat. Wie das geht? Die Antwort darauf hat uns Maria Magdalena schon gegeben: »Es gibt keine Sünde«, heißt es in ihrem Evangelium, »ihr seid es, die der Sünde Bestand verleihen.«

Die »Welt« spielt sich in unserem Kopf ab. Worte und Gedanken waren es, die uns zu Sündern und zu Anhängern eines strengen Herrgottes gemacht haben. Aber Worte und Gedanken lassen sich korrigieren, vor allem wenn wir Ohren haben zu hören und wenn wir begreifen, dass wir eine neue Welt mit einer neuen schöpferischen Energie erschaffen können. Der doppelte Boden des Drehbuchs ist enttarnt, die Inszenierung der letzten 2000 Jahre veraltet. Wir haben das Haupt des Täufers – stellvertretend für die wirkliche Religion – wiedergefunden. Die Möglichkeit der Reinkarnation, die bis zum Konzil von Nicäa ein Hauptbestandteil des christlichen Glaubens war, sowie die Chance, eine voll ausgereifte Seele zu schaffen, eröffnen sich uns. Nun wissen wir um unsere wahre Heimat. Und da klingt noch eine Warnung nach: »Wenn ihr den Gewohnheiten eurer ehebrecherischen verderbten Natur folgt; da ist die Sünde.«

Sünder sind wir nur, weil es den »gnostischen Ehebruch« gab – den Trennungsstrich zwischen Himmel und Erde, der das Christentum zur Religion des Demiurgen machte und die Menschen zu innerlich Heimatlosen. Doch nun erfahren wir unsere potenzielle Göttlichkeit – ohne Angst vor göttlicher Strafe. Darum können wir das »Göttinnen und Götter seid ihr!« nicht oft genug wiederholen. Wir mögen weiterhin Fehler machen, weiterhin straucheln. Aber sobald wir die Möglichkeit der eigenen Göttlichkeit erfasst haben, wird uns auch die Verantwortung für uns selbst und unsere Umwelt zurückgegeben. Und als andere Menschen müssen wir auch anders handeln! »Lasst uns aufbrechen, das Evangelium zu verkünden, ohne andere Regeln und Gesetze aufstellen zu wollen als die, deren Zeuge der Erlöser war«, rät uns Maria. Und wie wir wissen, steht der »Erlöser« für Jesus, aber auch für das Erwachen des göttlichen Funkens in uns. Dann schaffen wir das Kunststück, das schon die Essener mit ihrem Kampf als Söhne des Lichts gegen die Söhne der

Finsternis vollbracht haben: Wir schenken dem Demiurgen ganz einfach hellere Energien anstelle der finsteren alten.

Der beste Rat dafür stammt übrigens von Simon Magus: »Wer darum an ihn und seine Helena glaube, der brauche sich um sie (die Engel, die die Welt machten) nicht weiter zu kümmern, sondern kann als Freier tun, was ihm beliebt«, zitiert ihn Irenäus. Gleiches galt für Paulus und Thekla und Jesus und Maria Magdalena. Und es gilt auch für uns. Die Turmjungfrauen haben es uns gezeigt: Das Männliche und das Weibliche wohnen in jedem Menschen. Die Hochzeit zwischen beiden schafft wahre Weiblichkeit und wahre Männlichkeit und macht uns zu Schöpfern unserer eigenen Welt. Wir unterliegen nicht mehr den Gesetzen von Sophias chaotischem Sohn und helfen so dem Herrn der Welt, selbst seinen Weg zurück zum Licht zu finden. Geben wir also der Göttin den Platz zurück, der ihr gebührt.

Kapitel 12

Zurück in die Zukunft

Die Göttin war immer da

Sich einer Göttin bewusst zu sein, ist eine andere Sache, als einen Gott anzubeten. Überall die Göttin zu entdecken, heißt mehr, als sie in jeder Frau zu orten. Denn eine Göttin wirklich verehren heißt zu verstehen, dass wir alle die Göttin sind!

All das wurde mir erst im Laufe dieses Buches klar, um nach so viel Theologie und Mystik auch einmal von der Praxis des Lebens und von mir selbst zu sprechen, stellvertretend für viele andere. Die ausschlaggebende Hilfe war Maria Magdalena, die nicht ohne Grund als die Frau gerühmt wurde, die das All kannte. Zuvor gehörte ich nicht unbedingt zu den Anhängerinnen einer Göttin. Mir erschienen die Zeiten des Matriarchats, in denen Gott eine Frau war, nur als eine Entwicklungsphase der Geschichte. Wir alle bedürfen am Anfang des Lebens mütterlicher Energien, und das spiegelte sich meiner Meinung nach in der Kindheit der Menschheit wider. Deswegen sah ich in den Göttinnen, die in den letzten Jahren auftauchten, nichts weiter als einen – gleichwohl berechtigten – Rückblick in die Zeit vor der Diskriminierung der Frau.

Sehr viel mehr interessierte mich der gleichberechtigte Mensch, vielleicht sogar der androgyne Mensch, der alle seine Seiten auszuleben versteht. Zurückblickend kommt es mir aber nun so vor, als sei die Göttin auch mir bestimmt gewesen – wie sie eben auf uns alle wartet! Immer mehr Menschen gehen, wie ich selbst, einen Weg, der sie unweigerlich in ihre Arme führt – auch wenn wir das so lange nicht bemerken, bis wir wirklich angekommen sind.

In den Jahren, als die feministische Bewegung ihren ersten Höhepunkt erreichte, schrieb ich ein Buch über falsche Weiblichkeit, die Mütter ihren Töchtern oft mitgeben. Jedoch ahnte ich nicht, dass es sich dabei um das dunkle Gesicht der Göttin handelt. Ich beschäftigte mich mit dem inneren Kind in uns und kam zu dem Schluss, dass wir deshalb so aus der Bahn geraten, weil der Wechsel von der matriarchal geprägten Kindheit zur patriarchal fordernden Erziehung zu abrupt geschieht. Auch hier blickte mir die Göttin über die Schulter, ohne dass ich es bemerkte. Ebenso verhielt es sich, als ich mich näher mit der Zeit auseinander setzte und feststellte: Wir alle sind »Zeitmörder« und dringen nur selten zu der Kunst des Lebens im Augenblick vor. Doch die wahre Energie, die dahintersteckt, die sich mit der weiblichen Kraft des Empfangens einstellt, erkannte ich erst im Lauf der Arbeit an diesem Buch in vollem Ausmaß: die *Antiqua Mater,* die immer da war und immer da sein wird.

Je mehr ich mich mit der Frau beschäftigte, welche die Geheimnisse Gottes in sich birgt, desto klarer trat zum Vorschein, dass der Ruf der Göttin viel umfassender ist als erwartet. Er macht sich nicht nur in Büchern bemerkbar oder wenn Feministinnen zu Recht ein anderes Gottesbild, eine andere Kirche fordern. Überall ist er vernehmbar, sobald man nur hinhört. So hatte ich während des Schreibens an diesem Buch viele Gespräche mit einer guten Freundin, die als Krankenschwester in der Altenpflege arbeitet. Ihre Begeisterung für neue Methoden, die alte Menschen zurückführen sollen zu den Gefühlen und den geliebten Dingen ihrer Jugend, hat mir beim Schreiben mehr geholfen als jedes gelehrte Buch. Die Kreise des Lebens wahrzunehmen, den Rhythmus, der in allem waltet, heißt, den Tanz der Göttin mit dem Gott zu begreifen.

Dieselbe gute Freundin entlockte mir Tränen der Trauer als auch der Freude, wenn sie mir mit dem oft ganz eigenen, überlebensnotwendigen Humor einer Krankenschwester von dem Seiltanz berichtete, den es zu vollführen gilt, um jemanden in Ruhe und Würde sterben zu lassen. Auch das beinhaltet der MM-Aspekt: die Begabung, beide Seiten zu sehen und im richtigen Augenblick den mittleren Weg zwischen der Würde des Lebens und des Todes und den Anforderungen eines Krankenhauses oder Heimes zu wählen. Wir alle besitzen diese Begabung.

Zum Beispiel erzählte mir ein guter Bekannter, ein »hohes Tier in der Verwaltung«, wie der Volksmund sagen würde, dass er eigentlich nicht weiter auf der Karriereleiter aufsteigen wolle. Denn das Vertrauen seiner Mitarbeiter und die Möglichkeit, zwischen ihnen und den Politikern ausgleichend zu wirken, seien für ihn weitaus befriedigender als mehr Geld und Macht. Die Beispiele lassen sich weiterführen. Immer mehr Menschen verstehen es, ihre eigenen Werte zu definieren und zu verwirklichen. Sie haben begriffen, dass sie die Dinge anders angehen müssen und ihnen das im Endeffekt auch selbst mehr bringt. Ob es Männer sind, die mütterliche Züge entwickeln, oder Mütter, die heute so viel Reife zeigen, dass sie den Nachwuchs ohne allzu große Fesseln erwachsen werden lassen: Sie alle handeln so variabel, wie es der Göttin entspricht.

Die Göttin schafft nicht nur unseren Körper und stimmt unsere Gefühle auf äußere und innere Umstände ein. Sie lehrt uns auch ein Denken, das die gegenwärtige Zeit bitter nötig hat. »Vielleicht ist über allem eine große Mutterschaft, als gemeinsame Sehnsucht«, meinte Rilke. »Und auch im Mann ist Mutterschaft, scheint mir, leibliche und geistige; sein Zeugen ist auch eine Art Gebären, und Gebären ist es, wenn er schafft aus innerster Fülle.« Wie viele große Künstler erahnte der Dichter mit dem bezeichnenden Vornamen Rainer Maria die gnostische Weisheit der geistigen Mutterschaft.

Natürlich wird uns der Kampf der Polaritäten immer begleiten, er gehört zu dieser Welt. Aber gerade deshalb müssen wir verstehen, dass es eine oberflächliche Religion mit ihrer einseitigen, verfälschten Lehre war, die den Krieg zum Vater aller Dinge machte. Es gibt nicht nur den Kampf zwischen Göttinnen und Göttern, zwischen Religionen, Herrschern und Völkern, zwischen Männern und Frauen, sondern vor allem den Kampf in unserem eigenen Inneren!

Machtorientierte Vätergötter hatten schon immer Durst auf Angst, Krieg und Blut. Und daran wird sich nichts ändern, solange auf allen Altären der Welt symbolisch ein Gottessohn geopfert wird, der das Sinnbild einer dem Herrgott unterworfenen Menschheit ist. Durchschauen wir die Magie dieses Ritus, der womöglich aus den Papyri der alten ägyptischen Zauberer stammt, und die des ganzen Christentums, dann erkennen wir auch, warum wir verängstigte und stets kämpfende Menschen geworden sind.

Erst diese Erkenntnis gibt uns die Freiheit, nicht nur intuitiv, sondern bewusst in ein neues Weltbild überzuwechseln. Dafür aber benötigen wir die Göttin!

Bibliographie

Alt, Franz, *Jesus der erste Mann,* München, 1989

Andreas, Peter/Lloyd-Davis, Rose, *Das verheimlichte Wissen. Tempelgeheimnisse, verschollene Evangelien und das unbekannte Leben Jesu,* Interlaken, 1984

Apuleius, *Der Goldene Esel,* Frankfurt, 1955

Augstein, Rudolf, *Jesus Menschensohn,* München, 1972

Baigent, Michael/Leigh, Richard, *Verschlusssache Jesus. Die Qumranrollen und die Wahrheit über das frühe Christentum,* München, 1991

Barthel, Manfred, *Was wirklich in der Bibel steht. Das Buch der Bücher in neuer Sicht,* Wien/Düsseldorf, 1980

Beek, Martinus Adrianus, *Geschichte Israels. Von Abraham bis Bar Kochbar,* Stuttgart/Berlin/Köln/Mainz, 1961

Bennett, John G., *Die Meister der Weisheit,* Südgellersen, 1993

Berger, Franz/Holler, Christiane, *Jesus-Recherchen,* Wien/Freiburg/Basel, 1981

Brown, Peter, *Die Keuschheit der Engel. Sexuelle Entsagung, Askese und Körperlichkeit im frühen Christentum,* München, 1994

Campbell, Joseph, *Das bist Du,* München, 2002; *Der Heros in tausend Gestalten,* Frankfurt, 1999

Campbell, Joseph/Moyers, Bill, *Die Kraft der Mythen. Bilder der Seele im Leben des Menschen,* Zürich, 1994

De Rosa, Peter, *Gottes erste Diener. Die dunkle Seite des Papsttums,* München, 1989

Deschner, Karlheinz, *Das Kreuz mit der Kirche. Eine Sexualgeschichte des Christentums,* Düsseldorf/Wien, 1991

Detering, Hermann, *Der gefälschte Paulus. Das Urchristentum im Zwielicht,* Düsseldorf, 1995

Dietzfelbinger, Konrad, *Mysterienschulen. Vom alten Ägypten über das Urchristentum bis zu den Rosenkreuzern der Neuzeit,* München, 1997

Drioton, Etienne/Contenau, Georges/Duchesne Guillemin, *Die Religionen des alten Orients,* Aschaffenburg, 1963

Eschenbach, Wolfram von, *Parzival,* mittelhochdeutscher Text nach der Ausgabe von Karl Lachmann, Übersetzung und Nachwort von Wolfgang Spiewok, 2 Bde., Stuttgart, 1981

Evola, Julius, *Das Mysterium des Grals,* München, 1955

Faber-Kaiser, Andreas, *Jesus died in Kashmir. Jesus, Moses and the ten lost tribes of Israel,* London, 1977

Fester, Richard/König, Marie/Jonas, Doris/Jonas, David, *Weib und Macht. Fünf Millionen Jahre Urgeschichte der Frau,* Frankfurt, 1979

Flavius, Josephus, *Der jüdische Krieg,* München, 1974; *Jüdische Altertümer,* Darmstadt, 1982

Frobenius, Leo, *The Childhood of Man,* New York, 1960

Grant, Michael, *Jesus,* Bergisch-Gladbach, 1979; *Das Heilige Land. Geschichte des Alten Israel,* Bergisch-Gladbach, 1985

Gurdjieff, Georg Iwanowitsch, *Beelzebubs Erzählungen für seinen Enkel. Eine objektiv unparteiische Kritik des Lebens des Menschen,* 3 Bde., Basel, 1981

Harding, Esther, *Frauen-Mysterien einst und jetzt,* Berlin, 1982

Harpur, Tom, *Der heidnische Heiland. Das Jesus-Plagiat enthüllt,* München, 2005

Hengge, Paul, *Der Vater. Joseph von Nazareth,* Wien, 1980

Hermann, Horst, *Die sieben Todsünden der Kirche. Ein Plädoyer gegen die Menschenverachtung,* München, 1992

Herodot, *Historien.* Herausgegeben von H. W. Haussig, Stuttgart, 1971

Kedourie, Elie, *Die jüdische Welt,* Frankfurt, 1980

Kersten, Holger/Gruber, Elmar, *Das Jesus-Komplott. Die Wahrheit über das »Turiner Grabtuch«,* München, 1992

Klausner, Joseph, *Von Jesus zu Paulus,* Königsstein, 1980

Lawrence, D. H., *The man who died,* New York, 2002

Legenda aurea, Heidelberg, 1975

Lehmann, Johannes, *Moses, der Mann aus Ägypten. Religionsgründer, Gesetzgeber, Staatsgründer,* Hamburg, 1983; *Die Jesus-GMBH. Was Jesus wirklich wollte. Wie Paulus Jesus schuf,* Düsseldorf, 1972

Leloup, Jean-Yves, *Das Evangelium der Maria,* München, 2004

Levi, Eliphas, *Transzendentale Magie,* 2. Bde., Basel, 1981

Lincoln, Henry/Baigent, Michael/Leigh, Richard, *Der Heilige Gral und seine Erben. Ursprung und Gegenwart eines geheimen Ordens. Sein Wissen und seine Macht,* Bergisch-Gladbach, 1984; *Das Vermächtnis des Messias. Auftrag und geheimes Wirken der Bruderschaft vom Heiligen Gral,* Bergisch-Gladbach, 1987

Lysebeth, André van, *Tantra. The Cult of the Feminine,* New York, 2002

Magli, Ida, *Die Madonna. Die Entstehung eines weiblichen Idols aus der männlichen Phantasie,* München/Zürich, 1990

Malory, Thomas, *Die Geschichte von König Artus und den Rittern seiner Tafelrunde,* 3 Bde., Frankfurt, 1998

Martin, Bruno, *Handbuch der spirituellen Wege,* Basel, 1993
Mayer, Anton, *Der zensierte Jesus. Soziologie des Neuen Testaments,* Olten, 1983
Mead, G.R.S., *Fragmente eines verschollenen Glaubens. Das Geheimwissen der Gnostiker,* Interlaken, 1990
Mendelsohn, Harald von, *Jesus, Rebell oder Erlöser?,* München, 1987
Moore, James, *Gurdjieff. Magier, Mystiker, Seelenfänger,* München, 1992
Moser, Bruno, *Das christliche Universum. Die illustrierte Geschichte des Christentums von den Anfängen bis heute,* München, 1981
Nadiri, Mullah, *Tarikh-i-Kashmir* (MSS, 1413), mit Ghulam Mohy-ud-Din Wanchu, Srinagar, o. J.
Nagel, Tilman, *Der Koran,* München, 1983
Neubert, Otto, *Tut-Ench-Amun. Gott in goldenen Särgen,* Wien, 1972
Obermeier, Siegfried, *Starb Jesus in Kaschmir? Das Geheimnis seines Lebens und Wirkens in Indien,* Düsseldorf/Wien, 1983
Ouspensky, P.D., *Ein neues Modell des Universums. Die Prinzipien der Psychologischen Methode in ihrer Anwendung auf Probleme der Wissenschaft, Religion und Kunst,* Basel, 1986
Pagels, Elaine, *Versuchung durch Erkenntnis. Die gnostischen Evangelien,* Frankfurt, 1981
Palmer, Martin, *Die Jesus-Sutras,* München, 2002
Papus (Gérard Encausse), *Die Kabbala. Einführung in die jüdische Geheimlehre,* autorisierte Übersetzung der 1903 in Paris erschienenen Originalausgabe von Julius Nestler, Wiesbaden, o. J.

Prause, Gerhard, *Die kleine Welt des Jesus Christus. Was Theologen, Philologen, Historiker und Archäologen erforschen,* Hamburg, 1981

Pryse, James Morgan, *Die Apokalypse entschleiert,* Interlaken, 1981

Quest of the Holy Gral (Queste del Saint Graal), Übersetzung aus dem Französischen von P. M. Matarasso, Harmondsworth, 1969

Quispel, Gilles, *Gnosis als Weltreligion,* Zürich, 1951

Ranke-Graves, Robert, *Die weiße Göttin,* Berlin, 1981

Ranke-Heinemann, Uta, *Eunuchen für das Himmelreich. Katholische Kirche und Sexualität,* Hamburg, 1989

Schneemelcher, Wilhelm, *Neutestamentliche Apokryphen – I Evangelien,* Tübingen, 1990

Schneider, Carl, *Mysterien. Wesen und Wirkung der Einweihung,* Hamburg, 1979

Schonfield, Hugh, *Unerhört diese Christen. Geburt und Verwandlung der Urkirche,* Wien, 1969; *Die Essener. Das Geheimnis des wahren Lehrers und der Einfluss der Essener auf die Gestaltung der Geschichte,* Südgellersen, 1985; *Planziel Golgatha,* Tuttlingen, 1969

Sloterdijk, P./Macho, T. H., *Weltrevolution der Seele. Ein Lese- und Arbeitsbuch der Gnosis,* München/Zürich, 1991

Smith, Morton, *Jesus der Magier,* München, 1981

Stone, Merlin, *Als Gott eine Frau war. Die Geschichte der Ur-Religionen unserer Kulturen,* München, 1988

Tyrus, Wilhelm von, *Geschichte der Kreuzzüge und des Königreichs Jerusalem,* übersetzt aus dem Lateinischen von Heinrich Eduard und Rudolf Kausler, Stuttgart, 1840

Vollmar, Klausbernd, *Das Arbeitsbuch zum Enneagramm,* München, 1994

Wilson, Colin, *Gurdjieff. Der Kampf gegen den Schlaf*, München, 1986
Wouk, Herman, *Das ist mein Gott. Glaube und Leben der Juden*, Hamburg, 1984

E.R. Carmin
Das schwarze Reich

924 Seiten, gebunden
ISBN: 978-3-86820-047-8
Jetzt nur **€ 12,95** | sFr. 23,60

Spannend, packend und detailreich!

Das 20. Jahrhundert wurde geprägt durch radikale soziale, politische, kulturelle und technologische Umwälzungen, die die Welt wie nie zuvor in der bekannten Geschichte veränderten. Waren es zufällige, geschichtliche Ereignisse oder wurden vielmehr Machtziele bewusst mit Hilfe okkult-esoterischer Machenschaften verfolgt?

Ein fesselndes Werk, das durch das Aufzeigen verschiedenster Betrachtungsweisen die geschichtlichen Ereignisse in einem neuen Licht zeigt.

www.nikol-verlag.de

NIKOL VERLAG